Inken Rühle

Sonnen-Wende

Konstantin und der fragwürdige Triumph der Kirche über Heidentum und Judentum

Meinem Vater zum 70. Geburtstag!

SONNEN-WENDE

Konstantin und der fragwürdige Triumph der Kirche über Heidentum und Judentum

Inken Rühle

BILAM Verlag

Kleine Reihe 2

Die Deutsche Bibliothek - CIP-Einheitsaufnahme

Rühle, Inken: Sonnen-Wende.
Konstantin und der fragwürdige Triumph der Kirche über Heidentum und Judentum
Tübingen: BILAM, 1999
ISBN 3-933373-02-6

Herstellung: Gulde Druck GmbH, Tübingen

Übrigens:
zum Namen und Emblem des Verlags
erfahren Sie mehr in 4.Mose 22-24.

Titelbild:
Helios-Christos.
Mosaik aus dem dritten Jahrhundert, Vatikan.

Rückseite:
Konsekrationsmünze des Kaisers Konstantin.

Inhaltsverzeichnis

Abbildung 1:
San Lorenzo in Miranda, Forum Romanum.

Auf dem Forum Romanum steht eine Kirche, San Lorenzo in Miranda. Ihre Außenwände werden von einem antiken Säulenumgang gebildet, der sie wie ein Rahmen umgibt und von einem goldenen Kreuz überragt wird. Er stammt von einem römischen Tempel aus dem zweiten christlichen Jahrhundert. Die Weihinschrift am Portal nennt noch immer die Gottheiten, denen der Tempel einst geweiht war:

DIVO ANTONINO ET DIVAE FAUSTINAE
EX S(ENATUS) C(ONSULTO)

„Dem göttlichen Antoninus
und der göttlichen Faustina
auf B(eschluß des) S(enates)".

Antoninus herrschte in den Jahren 138 bis 161 als Kaiser über das römische Imperium, Faustina war seine Frau.

Als der Tempel im Mittelalter in eine Kirche umgewandelt und im siebzehnten Jahrhundert außerdem mit einer barocken Fassade versehen wurde, hielt es offenbar niemand für nötig, die Inschrift zu entfernen oder gar den vorgegebenen Rahmen „zu sprengen". Und so regt dieses Gebäude wie kaum ein anderes zum Nachdenken an über eine der interessantesten Epochen der Kirchengeschichte: den in vielerlei Hinsicht fragwürdigen Triumph des Christentums über das Heidentum - ein Triumph, der auch für Juden schwerwiegende Folgen haben sollte.

Fröhliche Weihnachten!

Alle Jahre wieder feiert die Christenheit am 25. Dezember das Fest der Weihnacht zur Erinnerung und Vergegenwärtigung der Geburt Jesu. Und obwohl es heute das wohl beliebteste, weil volkstümlichste Fest ist, wurde es im Vergleich mit den übrigen großen christlichen Feiertagen erst sehr spät, nämlich im vierten Jahrhundert, eingeführt. Dies geschah damals gegen den Protest namhafter frühkirchlicher Theologen, die es für eine heidnische Sitte hielten, die Geburt eines Königs zu feiern.[1]

In der Tat kann das Weihnachtsfest seine heidnischen Wurzeln kaum verleugnen. So bezeichnet der deutsche Begriff „Weihenacht" ursprünglich die geweihten Nächte der Wintersonnenwende und verweist damit auf den Zusammenhang des 25. Dezember mit dem Lauf der Sonne, die an diesem Tag „neu geboren" wird, da von nun an die Tage wieder länger werden. Auch die Römer wußten um diesen Zusammenhang, weshalb ihnen der 25. Dezember als *dies invicti solis* galt, als „Tag der unbesiegten Sonne".

Es ist kein Zufall, daß die Kirche sich ausgerechnet für dieses Datum entschied, als die Frage nach dem Geburtstag Jesu aufkam. Konnte sie nach drei Jahrhunderten des Unterdrücktseins auf diese Weise doch endlich ihren lang ersehnten Triumph über die heidnischen Kulte des römischen Reiches in aller Öffentlichkeit demonstrieren.

Eine etwas andere Begründung gibt freilich ein syrischer Glossator aus dem sechsten Jahrhundert: „Die Heiden pflegten nämlich am 25. Dezember das Fest des Geburtstags der Sonne zu feiern und zu Ehren des Tages Feuer anzuzünden. Zu diesen Riten luden sie sogar das

Christenvolk ein. Da nun die Lehrer der Kirche wahrnahmen, daß sich auch Christen zur Teilnahme verleiten ließen, beschlossen sie, am selben Tag das Fest der wahren Geburt zu begehen."[2]

Die Schlüsselfigur in der Auseinandersetzung der frühen Kirche mit dem Heidentum war jedoch nicht einer ihrer Lehrer, sondern der römische Kaiser Konstantin, der durch seine Religionspolitik eine Wende herbeiführte, welche die europäische Geschichte bis in das zwanzigste Jahrhundert entscheidend bestimmte.

Das römische Reich in den Jahren vor Konstantin

Das römische Imperium machte im dritten Jahrhundert d.g.Z.[3] eine schwere Krise durch. Zahlreiche Kaiser, meist von ihren Soldaten auf den Thron gehoben, wurden nach einer jeweils nur kurzen Regierungszeit ermordet. Die beginnende Völkerwanderung sowie eine immer schwieriger werdende wirtschaftliche Situation führten schließlich dazu, daß Kaiser Diokletian (284-305) sich für eine umfassende Reichsreform entschied, die vor allem eine Dezentralisierung der Verwaltung vorsah. Er führte die (später sogenannte) Tetrarchie ein, nach der das Imperium in vier Teile untergliedert wurde, in denen zwei Augusti und zwei von ihnen benannte Caesaren gemeinsam regierten. Der Plan sah vor, daß nach zwanzig Jahren jeder Augustus zurücktrat, um für den nachfolgenden Caesar Platz zu machen, der - als neuer Augustus - wiederum einen Caesar berufen sollte. Auf diese Weise wollte Diokletian eine effektivere Verwaltung erreichen sowie die ständigen dynastischen Streitigkeiten unterbinden.

Doch die Reformen scheiterten. Zwar legte Diokletian selbst tatsächlich im Jahre 305 nach den vorgesehenen zwanzig Jahren sein Amt als Augustus nieder; doch blieb er der einzige, der dies tat. Die übrigen Augusti und Caesares verwickelten sich statt dessen wieder in die alten, blutigen Machtkämpfe, aus denen schließlich Konstantin als Sieger hervorging.

Eine weitere Maßnahme zur Stabilisierung des Staates, die von Diokletian während seiner letzten Amtsjahre energisch ergriffen worden war, bestand in der Verfolgung einiger Minderheiten, die sich in die Gesellschaft nicht integrieren lassen wollten und dadurch die ohnehin bedrohte Einheit des Reiches zusätzlich gefährdeten. Zu den Verfolgten gehörten unter anderen auch die Christen, die sich weigerten, dem Kaiser Opfer darzubringen.

Da dieses Opfer allgemein als Ausdruck der Loyalität gegenüber dem Staat galt, mußte seine Ablehnung von römischer Seite als Ablehnung des Staates überhaupt interpretiert werden. Diokletian begründete die Verfolgung außerdem mit dem Hinweis, daß durch die Intoleranz solch neuer Religionen, deren Angehörige die alten Götter tadelten, all das zunichte gemacht werde, was von eben diesen Göttern in der Vergangenheit gewährt worden sei.[4]

Exkurs: Christenverfolgungen im römischen Reich[5]

Ab dem Ende des ersten Jahrhunderts d.g.Z. stieg der römische Kaiser immer mehr zum alleinigen Mittler und Garanten des Staatswohles auf. Die Treue der Untertanen drückte sich daher vor allem in der Beteiligung am offiziellen Staatskult zu Ehren des Kaisers aus. Dabei stand nach römischem Verständnis der Begriff „Religion“ wesentlich für den Kultvollzug, nicht aber für eine innere

Haltung. Seit damals konnte sich niemand dem Opfer für den Kaiser entziehen, ohne dadurch den Verdacht zu erwecken, dem Staat feindlich gesinnt zu sein. Gegen Staatsfeinde aber wurde zum Schutz aller mit gesetzlich streng geregelten Maßnahmen vorgegangen. In diesem juristischen Rahmen sind die sogenannten Christenverfolgungen zu sehen, die aus römischer Sicht eher das Bemühen darstellten, durch eine Minimalforderung an Solidaritätsbekundung die Loyalität der Christen dem Kaiser und Staat gegenüber zu sichern.

Schon die Kreuzigung Jesu unter Tiberius war nicht Ausdruck römischer Willkür, sondern ein routinemäßiger Rechtsakt: ein politisch gefährlicher Aufrührer wurde hingerichtet. Als etwa dreißig Jahre später mit Nero erstmals ein römischer Kaiser gegen Christen in größerer Zahl gewaltsam vorging, beruhte dies nicht auf einer *eigens gegen diese* gerichteten gesetzlichen Grundlage. Vielmehr nutzte Nero im Jahre 64 eine offenbar in der Bevölkerung vorhandene christenfeindliche Stimmung aus, um einen „Sündenbock" für den Brand Roms zu finden und damit von seiner eigenen Person abzulenken. Die Christen der Stadt wurden also - offiziell jedenfalls - nicht wegen ihres Christseins, sondern als Brandstifter verurteilt und mit den dafür festgesetzten Strafen belegt.

Die erste bekannte kaiserliche Rechtssatzung, die tatsächlich speziell das Christentum betraf, stammt von Trajan, kam aber nicht auf seine eigene Initiative hin zustande. Denn noch waren die Christen eine viel zu unbedeutende Gruppe im römischen Reich. Vielmehr reagierte er um das Jahr 111/112 auf eine konkrete Anfrage des Statthalters Plinius, der wissen wollte, wie er mit Leuten verfahren sollte, die in seinem Verwaltungsbezirk als Christen angezeigt worden waren. Die darauf folgenden Anweisungen des Kaisers, die schnell reichsweite Geltung bekamen, zeigen deutlich, wie sehr römische Gesetze von rechtsstaatlichen Gedanken geprägt waren. Trajan entschied, daß der Staat von sich aus nicht aktiv Christen aufspüren solle. Ein Verfahren sei nur dann einzuleiten, wenn persönliche, offizielle und begründete Anklage erhoben werde; eine anonyme Anzeige dagegen reiche nicht aus. Finde ein Beklagter sich dann spätestens auf die dritte Aufforderung hin bereit, vor den römischen Göttern und dem Kaiser zu opfern, so sei er umgehend freizulassen. Die Form der Bestrafung derjenigen, die auch nach mehrfacher Aufforderung das Opfer verweigert hatten, war im römischen Reich vom Stand der Betroffenen abhängig: Adlige wurden „ehrenhafter“ mit dem Schwert getötet, die Masse der einfachen Leute dagegen verbrannt, gekreuzigt oder den wilden Tieren im Zirkus vorgeworfen.

Die Regelung Trajans blieb lange Zeit in Kraft und wurde von Hadrian sogar noch einmal besonders eingeschärft. In seinem Reskript fügte er zugunsten der Christen außerdem hinzu: „Wenn jemand in verleumderischer Absicht solche [Anklagen gegen angebliche Christen] vorbringt, dann ergreife man ihn wegen seiner schreckensverbreitenden Umtriebe.“[6] Mit Hilfe dieses Gesetzes war ein hohes Maß an Rechtssicherheit für den Einzelnen erreicht. Pogrome und christenfeindliche Tumulte wurden verboten und mit Strafen belegt.

Nur in einem unterschied sich die Christengesetzgebung von sonstigem römischem Recht: das Delikt wurde nicht aus einer Aktion, sondern aus einer Unterlassung abgeleitet. Christen forderten deswegen immer wieder (wenn auch ohne Erfolg), daß für sie wie für alle Reichsbewohner erst der positive Nachweis einer staatsfeindlichen Gesinnung zur Bestrafung führen solle.

In der Mitte des dritten Jahrhunderts wurde die antichristliche Gesetzgebung drastisch verschärft, als man begann, in der guten Organisation der Kirche zunehmend eine Bedrohung zu sehen. Fortan gab es systematische Repressionen gegen ganz bestimmte Gruppen: gegen die Führer der Kirche sowie gegen Christen aus der römischen Oberschicht. Erstmals wurde auch der Staat von sich aus und nicht erst auf eine Anzeige hin aktiv. Im Jahre 235/236 erließ Kaiser Maximinus ein Gesetz, nach dem die Vorsteher der christlichen Gemeinden hinzurichten seien. Offenbar sollte damals die Kirche als Institution empfindlich getroffen werden.

Auch Decius (249-251) ließ gezielt höhere Amtsträger vorladen und zum Opfern auffordern. Kurz darauf gab er zusätzlich ein Edikt heraus, in dem erstmals *alle* Bürger des Reiches zum Opfer aufgefordert wurden. Wer dem Befehl Folge leistete, konnte sich dies auf Wunsch von der Opferkommission schriftlich bescheinigen lassen und war damit von jedem Verdacht befreit. Eine Konsequenz dieses Ediktes war die vermehrte Anzeige von Christen durch die nichtchristliche Bevölkerung. Ein Großteil der Christen befolgte damals in irgendeiner Weise das Edikt und entging so der Bestrafung, was innerhalb der Kirche in den folgenden Jahrzehnten zu großen Spannungen mit den „standhaft Gebliebenen" führte.

Unter Valerian und seinem Sohn Gallienus wurde im Jahr 257 erneut eine christenfeindliche Verordnung erlassen: Bischöfe und Kleriker sollten zum Opfer vorgeladen und im Fall ihrer Weigerung verbannt (nicht hingerichtet) werden. Außerdem wurde Christen jede Zusammenkunft - auch an christlichen Beerdigungsstätten, etwa in den Katakomben - verboten. 258 folgte die verschärfte Anweisung, nach der Bischöfe, Presbyter und Diakone ohne weiteres hinzurichten seien. Christliche Bedienstete am Kaiserhof, die ein besonders hohes Risiko bedeuteten, sollten enteignet und zu Zwangsarbeit verurteilt werden, selbst wenn sie - und das war neu - ihren christlichen Glauben inzwischen wieder abgelegt hatten. Christen aus der Oberschicht wurden ebenfalls enteignet. Erstmals war das Christsein als solches strafbar; denn die Bereitschaft zu opfern bedeutete nicht mehr automatisch Freispruch, sondern lediglich eine Abschwächung der Strafe.

Seit der Mitte des dritten Jahrhunderts ist es daher angemessen, von Christen*verfolgung* im exakten Sinn des Wortes zu sprechen. Diese beschränkte sich allerdings auf ganz bestimmte Personengruppen: Hofbeamte, deren politische Zuverlässigkeit äußerst wichtig war, Mitglieder

der Oberschicht, die aufgrund ihrer herausragenden Position Vorbildfunktion hatten, sowie das Episkopat mitsamt den Klerikern, die als Führer einer vermeintlich staatsfeindlichen Vereinigung, der Kirche, betrachtet wurden. Doch waren die Verfolgungen nur von relativ kurzer Dauer. Schon ab 260 konnte jeder Christ wieder in Ruhe leben und die Kirche sich ungestört entfalten.

Als im Jahre 284 Diokletian an die Macht kam, war er den Christen zunächst nicht besonders feindlich gesonnen. Nach Auskunft Eusebs duldete er sie selbst in höchsten Ämtern und befreite sogar christliche Soldaten von der Opferpflicht. Doch um das Jahr 300 änderte sich dieser Zustand. Nach einer Anekdote bei Laktanz soll eine mißlungene Eingeweideschau, die mehrmals scheiterte, weil anwesende Christen sich bekreuzigt hatten, die Ursache für den Sinneswandel des Kaisers gewesen sei. Dieser forderte daraufhin Palastangestellte und Soldaten zum Opfer auf. Wer sich weigerte, wurde entlassen und mit der Prügelstrafe belegt. Es ging Diokletian zunächst also nur darum, sich der Loyalität seiner wichtigsten Untertanen zu versichern.

303 verschärfte er dann die Maßnahmen, um - wie Laktanz schreibt - „dieser Religion eine Grenze zu setzen."[7] Vorangegangen war im Frühjahr der Brand des Kaiserpalastes in Nikomedia. Er wurde zum entscheidenden Wendepunkt in der Christenpolitik Diokletians, da Christen (wieder einmal) unter dem Verdacht standen, das Feuer gelegt zu haben. Ein Verfolgungsedikt ordnete an, alle Kirchen zu zerstören und die heiligen Bücher zu verbrennen. Christen in Ehrenstellungen sollten ihre Privilegien verlieren, kaiserliche Freigelassene erneut in den Sklavenrang versetzt werden. Allen Christen wurde das Recht aberkannt, Gerichtsverfahren anzustrengen oder sich vor Gericht zu verteidigen. Das Ziel dieser Maßnahmen war klar: die Vernichtung des Christentums als organisierte Religionsgemeinschaft.

Doch war der Politik Diokletians in bezug auf die Christen langfristig ebensowenig Erfolg beschieden wie seinen Reformanstrengungen durch die Einführung der Tetrarchie. Maßgeblich verantwortlich für das Scheitern seiner Bemühungen war - Konstantin.

Konstantin - ein „visionärer" Kaiser

Konstantin wurde um das Jahre 272 im heutigen Serbien als Sohn des Konstantius geboren, der es in der Tetrarchie zum Caesar und Augustus gebracht hatte. Als Konstantin nach dem Rücktritt Diokletians bei der Ernennung der neuen Caesaren nicht berücksichtigt wurde, zog er sich mit seinem Vater nach Gallien (Frankreich) und Britannien zurück, wo Konstantius kurz darauf starb. Dessen Heer rief prompt Konstantin zum Augustus aus - ein Anspruch, der allerdings nicht allgemein anerkannt wurde. In den folgenden Jahren war Konstantin daher vor allem als Soldat in Britannien und an der germanischen Grenze beschäftigt. 310 zwang er seinen ehemaligen Verbündeten Maximian, der versucht hatte, die Macht in Gallien an sich zu reißen, zum Selbstmord - ein erster Schritt auf dem Weg zur Durchsetzung seines umfassenden Herrschaftsanspruchs.

Damals begann Konstantin zu behaupten, daß er von dem Heldenkaiser Claudius Gothicus (268-270) abstamme, um sein Streben nach Macht unabhängig von der Tetrarchie zu legitimieren. In dasselbe Jahr fällt auch ein religiöses Erlebnis besonderer Art. In einer Vision erschien Konstantin der Licht- und Sonnengott Apollon. Ein zeitgenössischer Hymnus pries dieses Ereignis mit feierlichen Worten: „Du hast nämlich ... deinen Apollon gesehen, der dir - in Begleitung der Victoria - Lorbeerkränze darreichte ... Du hast ihn gesehen und hast dich selbst in der Gestalt dessen wiedererkannt, dem die Herrschaft über die ganze Welt gebührt."[8] Kein Wunder, daß auf von Konstantin geprägten Münzen - die in der Antike ein wichtiges Mittel der Propaganda waren - fortan oft der unbesiegte Sonnengott zu sehen war.

Abbildungen 2 und 3:
Büste des Konstantin; umseitig die Büste des strahlenbekrönten Sonnengottes mit der Inschrift:
SOLI INVICTO COMITI -
„dem Gefährten, dem unbesiegten Sonnengott".

Abbildungen 4 und 5:
Büste des Konstantin; umseitig der strahlenbekrönte Sonnengott mit erhobener Hand und wehendem Umhang, den Globus haltend.
Inschrift: SOLI INVICTO COMITI -
„dem Gefährten, dem unbesiegten Sonnengott".

Der aufstrebende Kaiser ließ sich auf wertvollen Goldmünzen sogar im Doppelprofil mit dem *sol invictus* abbilden![9]

Abbildung 6:
Konstantin und Sol als sein Gefährte im Hintergrund.
Konstantin trägt einen geschulterten Speer und einen Schild.
Legende: INVICTUS CONSTANTINUS - „unbesiegter Konstantin".
Der Kaiser trägt also den Titel des Sonnengottes.
Goldmedaillon, um 313 geprägt.

Abbildung 7:
Detail des Goldmedaillons (Abbildung 6).
Auf dem Schild ist Sol in seiner Quadriga, dem Sonnenwagen, zu sehen.

Im Jahre 312 griff Konstantin Maxentius, seinen Mitherrscher im westlichen Teil des römischen Reiches, an und besiegte ihn in der berühmten Schlacht an der Milvischen Brücke in Rom. Zwei christliche Zeitgenossen berichten von einer Vision, die der Schlacht vorausgegangen sein soll. Bei Laktanz heißt es: „Im Schlaf wurde Konstantin ermahnt, die Schilde mit dem himmlischen Zeichen Gottes zu kennzeichnen und so die Schlacht zu beginnen. Er tat dies, wie ihm befohlen wurde, und, indem er den [griechischen] Buchstaben X [CHI] drehte und die obere Spitze des Buchstabens umbog, schrieb er abkürzend 'Christus' auf die Schilde."[10]

Der selbsternannte Hofbiograph Konstantins, der Kirchenvater Euseb von Caesarea, beschrieb um das Jahr 338 die Ereignisse ein wenig anders: „Als der Kaiser nun darum [um ein Zeichen Gottes] bat und reichlich flehte, da erschien ihm ein überaus unerwartetes Gotteszeichen, das man vielleicht, wenn es ein anderer gesagt hätte, nicht leicht akzeptieren würde. Da es aber der siegreiche Kaiser uns bei der Niederschrift später in langen Stunden ... verkündet und er mit Eiden seine Rede bekräftigt hatte, wer dürfte sich mit Stärke wappnen, diesen Ausführungen nicht zu glauben? ... Um die mittägliche Stunde der Sonne, als der Tag bereit war, sich zu neigen, da - so sagte er - habe er mit eigenen Augen am Himmel selbst über der Sonne ein aus Licht gebildetes Siegeszeichen des Kreuzes erblickt, und ferner sei diesem Zeichen eine Schrift beigefügt gewesen, welche sagte: 'Durch dieses siege' ... [Da war Konstantin unschlüssig,] was dieses Wunderzeichen denn bedeute. Als er nun darüber nachgedacht und noch lange Zeit Überlegungen angestellt habe, sei die Nacht hereingebrochen. Nach dem Einschlafen sei ihm im Traum der Gesalbte des Herrn zusammen mit dem im Himmel erblickten Zeichen erschienen und habe ihn aufgefordert, ein Abbild des im Traum erblickten Zeichens herzustellen und dieses Heilmittel gegen die Angriffe der Feinde zu verwenden. Als er sich bei Tagesanbruch erhob, offenbarte er den Freunden das Geheimnis. Dann ließ er Handwerker rufen, ... beschrieb ihnen die Gestalt des Wunderzeichens und befahl ihnen, sie mit Gold und Edelsteinen nachzubilden."[11]

Manche Forscher halten beide Berichte für eine Erfindung, die - in bewußter Analogie zur Apollon-Vision gestaltet - der Festigung einer christlichen Bekehrungslegende Konstantins dienen sollte.[12] Aber selbst wenn man von einer zweiten, selbständigen Vision ausgeht, ist fraglich, was sich hinter dem „Heilmittel gegen die Angriffe der Feinde“ verbirgt. Laktanz beschreibt ein monogrammatisches Kreuz (1), das - neben dem bekannteren, aus den griechischen Buchstaben X (CHI) und P (RHO) gebildeten Zeichen (2) - in der Kirche als Abkürzung für „*Chr*istus“ zwar üblich war,[13] in der Propaganda Konstantins sonst aber nicht nachgewiesen ist.[14] Das CHI-RHO (2) dagegen findet sich bereits auf einem 315 geprägten Medaillon mit dem Porträt Konstantins.

(1) 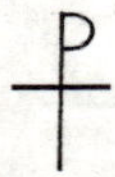

(2) 

Die von Laktanz (und auch von Euseb, allerdings in einem anderen Zusammenhang[15]) berichtete Markierung der Schilde mit magischen, vielleicht stern- oder kreuzförmigen Zeichen erfolgte wohl aus ganz praktischen Gründen: nämlich um in der Schlacht die eigenen Soldaten von denen des Maxentius unterscheiden zu können. Schließlich kämpften ja Römer gegen Römer. Daß Konstantin vor der Schlacht allerdings das „Siegeszeichen des *Kreuzes*“ gesehen habe - diese Behauptung scheint schon zu Lebzeiten Eusebs nicht gerade glaubwürdig gewesen zu sein, wie dessen apologetische Einführungsworte zeigen. Wahrscheinlich bezieht sich die Beschreibung Eusebs auf im römischen Heer übliche militärische Feldzeichen, die erst im Rückblick (immerhin mehr als 25 Jahre nach den Ereignissen) christlich gedeutet worden sind.[16]

Solche Feldzeichen, verziert mit einem Adler, dem Vogel Jupiters, oder anderen Symbolen von Gottheiten, wurden den Legionen vorangetragen und genossen unter Römern eine geradezu kultische Verehrung.

Abbildung 8:
Porträt Konstantins im Dreiviertelprofil.
Am Helmbuch ist eine Scheibe mit dem Christogramm angebracht.
Rechts im Bild ein Schild mit der kapitolinischen Wölfin,
die Romulus und Remus säugt.
Darüber wahrscheinlich ein Speer mit nach oben gedrechselten
Enden, oft fälschlicher Weise als Kreuz-Szepter gedeutet.[17]
Silbermedaillon, um 315 geprägt.

Abbildung 9:
Konstantins Triumphbogen in Rom,
der 315 zu Ehren seines Sieges über Maxentius errichtet wurde.
Der Fries aus der Zeit Hadrians, von Konstantin wiederverwendet, zeigt das Heer mit den charakteristischen heidnischen Feldstandarten.

Bei dem christlichen Apologeten Tertullian findet sich dazu eine recht aufschlußreiche Bemerkung: „Wie wenig unterscheiden sich vom Balken eines Kreuzes die Pallas in Athen und die Ceres in Pharia, die ohne Bild aus einem rohen Pfahl und einem unförmigen Holz bestehen? Teil eines Kreuzes ist jedes Holzstück, das in aufrechter Stellung befestigt wird ... Daß die Bildhauer ein Kreuz zum Ausgangspunkt eurer Götter machen, haben wir schon gesagt. Auch Victoria-Göttinnen betet ihr in den Siegesmalen an, obwohl doch das Innere der Siegesmale aus einem Kreuz besteht. Die ganze Soldatenreligion verehrt Feldzeichen, betet Feldzeichen an, schwört bei den Feldzeichen, zieht die Feldzeichen allen Göttern vor. All diese Ansammlungen von Bildern auf den Feldzeichen sind ein Behang von Kreuzen: die Tücher der Fahnen und Standarten sind Umkleidungen von Kreuzen."[18]

Wenn nach Meinung Tertullians das Symbol des Kreuzes im Grunde überall entdeckt werden kann, selbst in den heidnischen Kulten Griechenlands und Roms und sogar in der Religion der Soldaten, warum sollte Euseb es nicht in den Feldzeichen Konstantins suchen und auch finden? Zumal Konstantin, als er ihm in den zwanziger Jahren persönlich begegnete, tatsächlich eine besondere Standarte besaß, die neben den Porträts des Kaisers und seiner Söhne das CHI-RHO-Zeichen trug. Ikonographisch nachweisbar ist dieses sogenannte Labarum[19] erstmals um 327/28 (auf einer Münze abgebildet):

Abbildung 10:
Das Labarum Konstantins.
Die drei Kreise symbolisieren den Kaiser und seine Söhne.

Euseb beschreibt das Labarum ausführlich:
„ein langer, goldüberzogener Lanzenschaft trug eine Querstange und hatte somit die Gestalt des Kreuzes; am oberen Rand des Ganzen war ein kunstvoll geflochtener Kranz aus Gold und Edelsteinen befestigt, in dem das Zeichen für den Namen des Erlösers angebracht war, zwei Buchstaben, die als Anfangsbuchstaben den Namen Christi bezeichneten, indem das P [RHO] in der Mitte durch das X [CHI] gekreuzt wurde. Eben diese Buchstaben trug der Kaiser für gewöhnlich ... auch auf seinem Helm ... [Der Längsschaft trug] das goldene Brustbild des gottgeliebten Kaisers und in gleicher Weise das seiner Söhne."[20]

Da Konstantin im Jahr der Schlacht an der Milvischen Brücke erst *einen* Sohn hatte und auch Laktanz nichts von einer Standarte erwähnt, ist zu vermuten, daß das Labarum in dieser Form damals noch gar nicht existierte. Erst später - wahrscheinlich im Zusammenhang mit der Schlacht gegen Licinius im Jahre 324 - entwarf Konstantin diese besondere, „christliche" Siegesstandarte. In Eusebs „Leben des Konstantin" fällt nämlich auf, daß nicht im Zusammenhang mit dem Kampf gegen Maxentius, sondern bei der Schilderung des Kriegs gegen Licinius die wunderbare Wirkung des konstantinischen Feldzeichens besonders ausführlich beschrieben wird. Damals trat - so Euseb - der Sieg automatisch ein, sobald das „heilbringende Zeichen" an einem Ort der Schlacht erschien; auch schützte die Standarte auf wunderbare Weise jeden, der sie trug, vor Verletzung.[21]

Abbildung 11:
GLORIA EXERCITUS - „Ruhm des Heeres". Zwei Soldaten (der Rechte ist beschädigt) mit Lanze und Schild bewachen eine Militärstandarte mit Christogramm. Münze Konstantins.

Konstantin konnte um der Loyalität der Soldaten willen, auf die er für seinen Machterhalt angewiesen war, auf den *heidnischen* Kult der Feldzeichen keinesfalls verzichten. Und so gestaltete er sie in einer *auch für Christen* annehmbaren Weise, nämlich geschmückt mit dem Christus-Zeichen.[22] Dieses Labarum sah Euseb in den zwanziger Jahren mit eigenen Augen am Hof in Konstantinopel und gestaltete seinen Bericht der Vision Konstantins dem entsprechend.

Die Feldzeichen jedoch, die Konstantin 312 tatsächlich in die Schlacht geführt hatte, waren sehr wahrscheinlich mit Symbolen derjenigen Gottheit geschmückt, die ihm damals am nächsten stand und mit der er sich geradezu identifizierte: mit dem *unbesiegten Sonnengott*.

Sol - Apollon - Mithras - Sonne der Gerechtigkeit
Über die Verehrung der Sonne in der Antike

In den Religionen der meisten alten Kulturen war die Sonne als lebensspendende Kraft von zentraler Bedeutung. Die Perser etwa nannten den Sonnengott Mithras; bei den Griechen hieß er Helios, später auch Apollon. Als beide Kulturen in Kontakt miteinander kamen und seit Alexander dem Großen zeitweise sogar *ein* Reich bildeten, verschmolzen auch ihre Gottheiten miteinander.

Bereits bei Strabo (gestorben 23 d.g.Z.) wird die Identifikation des Helios mit Mithras erwähnt.[23] Eine Inschrift der berühmten Grabanlage für Antiochus I. von Kommagene auf dem heiligen Berg Nemrud Dagh im Taurosgebirge nennt ebenfalls mehrere Gottheiten in synkretistischer Vereinigung, darunter Apollon, Mithras und Helios.[24] Nach dem Tod Alexanders drangen - im Zeitalter des Hellenismus - die Astral-Gottheiten des Orients verstärkt nach Westen vor. Und so wurden Mithras und Apollon auch im römischen Reich bald miteinander gleichgesetzt. In England etwa, wo Konstantin lange Jahre lebte, gab es in Rudchester einen Tempel, der Sol Apollon Anicetus geweiht war (ANICETOS[25] ist das griechische Äquivalent zu lateinisch: invictus - unbesiegt).[26]

Die Bedeutung des Sonnenkultes wuchs allmählich derart, daß die Herrscher des severischen Kaiserhauses (193-235) den *sol invictus* zum Reichsgott erhoben und auf Münzen abbilden ließen, wo er als „Herr des römischen Imperiums" bezeichnet wurde. Seit damals trat der Kaiser als irdischer Repräsentant der Gottheit auf.[27] Auch Diokletian war ein Verehrer der Sonne. So weihte er einige Zeit nach seinem Rücktritt, im Jahre 308, gemeinsam mit den amtierenden Kaisern dem Mithras als dem Schutzherrn des Reiches einen Altar in Carnuntum (bei Wien) - als Ausdruck der Reichseinheit, aller Machtkämpfe zum Trotz.[28] Mithras wurde vor allem von römischen Soldaten hoch geehrt. Daher ist es kein Wunder, daß auch Konstantin, der in einem solchen Milieu aufgewachsen war, sich dem Sonnengott besonders stark verbunden fühlte und ihm seine militärischen Erfolge zuschrieb.

Nach der Schlacht an der Milvischen Brücke ist in der Religionspolitik Konstantins eine deutliche Hinwendung zum Christentum festzustellen. Bereits ein Jahr später, 313, wurde den Christen im Mailänder Toleranz-Edikt vollständige Gleichberechtigung und Religionsfreiheit gewährt. Es war Konstantin offenbar nicht schwer gefallen, in die Reihe des Apollon - Mithras - Sol auch Christus mit einzustellen; handelte es sich seiner Meinung nach doch nur um einen weiteren Namen für den *einen* Gott. Den antiken Sonnengottheiten gemeinsam war eine Tendenz zur Allgottheit. Diese traf sich mit den monotheistischen Zügen der philosophischen Aufklärung. „So kam es, daß ein solarer Pantheismus während der Kaiserzeit die gesamte römische Welt eroberte, jene Vorstellung, daß die Sonne das All sei und Sol die meisten Götter in sich aufnehme"[29] - warum also nicht auch den christlichen Gott?!

Christlicherseits kam dieser Gleichsetzung das Zeugnis des Neuen Testaments entgegen. Zwar hatten in der hebräischen Bibel - gerade in der Abgrenzung zu den Astralkulten der Umwelt Israels - noch diejenigen Aussagen überwogen, in denen die Sonne als *Geschöpf* Gottes bezeichnet und ihm damit klar untergeordnet wurde;[30] die Anbetung der Sonne wurde sogar ausdrücklich verboten (5.Mose 4,19). Manche Christen jedoch lasen Maleachi 3,20 - ein Vers, der am Ende des prophetischen Teils der lateinischen Bibel steht und daher im deutschen Text dem Neuen Testament sogar direkt vorangeht[31] - als Ankündigung der Geburt Christi: „Euch aber, die ihr meinen Namen fürchtet, soll aufgehen *die Sonne der Gerechtigkeit*" (HELIOS DIKAIOSYNES[32]). Dem korrespondierte das Johannes-Evangelium, das voll ist von Licht-Symbolik. In Johannes 1 erscheint Christus als zur Welt gekommenes Licht, das in der Finsternis scheint. Wer diesem Licht nachfolgt, wird das Licht des Lebens haben (Johannes 8,12); wer an das Licht glaubt, soll ein Kind des Lichtes werden (Johannes 12,36.46).

Berühmte Theologen wie Clemens von Alexandria priesen in Fortschreibung dieser Tradition ihren Christus als „über das All dahinfahrenden Helios der Gerechtigkeit ... Er hat den Westen zum Osten zurückgebracht und den Tod zum Leben gekreuzigt."[33] In der zweiten Hälfte des vierten Jahrhunderts schrieb Bischof Zeno von Verona über Christus: „Er fährt zur Vollendung seines Werkes in die Welt auf dem Viergespann der Jahreszeiten."[34] Und in einem Oster-Hymnus aus dem fünften Jahrhundert heißt es an Christus gerichtet: „Sei gegrüßt, o wahrer Apollon!"[35]

Sogar ein Mosaik von Helios im Sonnenwagen, der aufgrund der umgebenden, eindeutig christlichen Motive ebenfalls mit Christus zu identifizieren ist, wurde im

Mausoleum der Julier unterhalb der römischen Peterskirche gefunden.[36]

Wer kann es da Konstantin verdenken, daß auch er keinen Unterschied machte zwischen der „Sonne der Gerechtigkeit“ (die sich bis in die modernen kirchlichen Gesangbücher erhalten hat) und der „unbesiegten Sonne“?!

Abbildung 12:
Christus als Sonnengott in der Quadriga.
Es gilt als das älteste christliche Mosaik, das in Rom erhalten blieb, und stammt wahrscheinlich bereits aus dem dritten Jahrhundert.

Exkurs: Darstellungen des Helios in antiken Synagogen Israels

Auch in einigen Synagogen Israels aus dem vierten bis sechsten Jahrhundert wurden übrigens Mosaik-Darstellungen des Helios in der Quadriga gefunden: in Chammat-Tiberias, Bet Alfa, Naaran und Husifa. In Susija gab es ebenfalls ein solches Mosaik, das jedoch später durch ein geometrisches Motiv ersetzt worden ist.[37] Allerdings steht der Sonnengott in all diesen Fällen jeweils im Zentrum des Zodiak, der zwölf Tierkreiszeichen, sowie der personifizierten vier Jahreszeiten, so daß es sich wahrscheinlich um eine Darstellung des Kalenders handelt. Dafür spricht auch, daß das Fußbodenmosaik in der Synagoge von Ein Gedi einen Text enthält, in dem jedem Tierkreiszeichen ein jüdischer Monat zugeordnet ist (dabei wurde auf eine bildliche Darstellung offenbar bewußt verzichtet).[38] Die Sonne, die nach 1.Mose 1,14ff geschaffen wurde, um „Zeiten, Tage und Jahre" zu unterscheiden, symbolisiert also die kosmische Ordnung.

Die Übernahme des heidnischen Sol-Motivs war allerdings nur möglich, weil die Sonne in der hebräischen Bibel eben nicht als Gott, sondern nur als Geschöpf desjenigen Gottes erscheint, der den Kosmos geschaffen hat.[39] Vielleicht haben auch Texte wie Psalm 19,5ff eine künstlerische Darstellung der Sonne bei Juden gefördert: „Dem Sonnenball hat er ein Zelt [am Himmel] gemacht. Er geht aus wie ein Bräutigam aus seiner Kammer und freut sich wie ein Held, zu laufen die Bahn ..." Im Midrasch Pirke de Rabbi Elieser 6 - in dem ganzen Kapitel geht es um den Sonnenlauf, um Tages- und Monatsberechnungen sowie um die Einteilung der Jahreszeiten - wird dieser Vers aufgenommen, so daß sich der Text fast wie eine Illustration zu den Mosaikdarstellungen liest. Am Ende heißt es: „Die Sonne fährt auf einem Wagen und erhebt sich, gekrönt wie ein Bräutigam."[40]

Allerdings wird vor allem an der Synagoge von Naaran deutlich, daß bildliche Darstellungen dieser Art von einem gewissen Zeitpunkt an bei Juden nicht unumstritten waren. Dort wurden nämlich infolge einer radikalen Auslegung des biblischen Bilderverbotes nachträglich (fast) alle figürlichen Darstellungen zerstört, wobei man sorgfältig darauf geachtet hat, daß vorhandene Inschriften - etwa die Bezeichnungen der Jahreszeiten - unversehrt blieben.[41]

Abbildung 13:
Sol als Zentrum des Zodiak und der vier Jahreszeiten
aus der antiken Synagoge in Chammat-Tiberias (4. Jahrhundert).
Später wurde eine Mauer in die Synagoge eingezogen
und zerstörte das Mosaik teilweise.

Die Gleichsetzung von Sol und Christus bedeutete jedoch keineswegs, daß Konstantin sich nach seinem Sieg über Maxentius bereits als Christ verstanden hätte. Damals wurde ihm zu Ehren in Rom ein Triumphbogen errichtet, der überwiegend mit Spolien bestückt ist, also mit Steinreliefs aus früherer Zeit, die einfach irgendwo abgenommen und wieder verwendet wurden. Dabei ließ Konstantin den Kopf des ursprünglich abgebildeten Kaisers Hadrian durch seinen eigenen ersetzen und mit einem Nimbus, dem Strahlenkranz des Sonnengottes, versehen.[42]

Dieser Nimbus - das lateinische Wort bezeichnet ursprünglich „Nebel" oder „Unwetter", also Naturerscheinungen, die traditionell Theophanien begleiten - wurde bei den Römern als eine Art Lichtscheibe hinter dem Kopf dargestellt. Seit der Tetrarchen-Zeit war es üblich, nicht nur Götter-, sondern auch Kaiserbilder mit ihm zu schmücken. Konstantin setzte diese Tradition fort, die schon bald auch die christliche Ikonographie beeinflußte: bereits um 350 trägt Christus ebenfalls einen solchen Strahlenkranz - etwa auf Fresken in der Commodilla-Katakombe.[43]

Auf dem Konstantin-Bogen sind außerdem die Heeresgötter (*dei militares*) abgebildet: Soldaten tragen als militärische Abzeichen Statuetten des *sol invictus* und der Siegesgöttin Victoria, die mit ihren Flügeln zum Vorbild christlicher Engeldarstellungen wurde. Im Durchgang des einen Bogentores stehen zudem der Kaiser und Sol, der auch in einem Medaillon auf der Ostseite in seiner Quadriga zu sehen ist, einander gegenüber - als gemeinsame Streiter und Sieger im Kampf.[44]

Ebenso selbstbewußt und wenig spezifisch christlich wie die Reliefdarstellung ist die Inschrift des Monuments, gemäß der Konstantin seinen Sieg an der Milvischen Brük-

Abbildung 14:
Medaillon an der dem Sonnenaufgang zugewandten, schmalen Außenseite des konstantinischen Triumphbogens in Rom. Sol fährt in seiner Quadriga empor, in der Linken den Globus haltend. Die Rechte (teilweise abgebrochen) war ursprünglich im typischen Gestus des unbesiegten Sonnengottes und Weltherrschers zum Gruß gehoben - eine Haltung, die bald auch für die Darstellung Christi übernommen wurde. Vor dem Sonnengott schwebt fackeltragend Lucifer („Lichtbringer"), in der Tiefe lagert der Meeresgott Oceanus.

ke einer Eingebung der Gottheit (instinctu divinitatis) sowie *seiner eigenen Geistesgröße* (mentis magnitudine) verdanke.[45] Doch nicht allein an Geist war Konstantin groß; auch seine zwölf Meter hohe Marmor-Statue, die er als Zeichen des Triumphes in der Basilika seines unterlegenen Gegners Maxentius auf dem Forum Romanum aufstellen ließ und von der Fragmente erhalten blieben, zeigte ihn zumindest auf großem Fuße stehend!

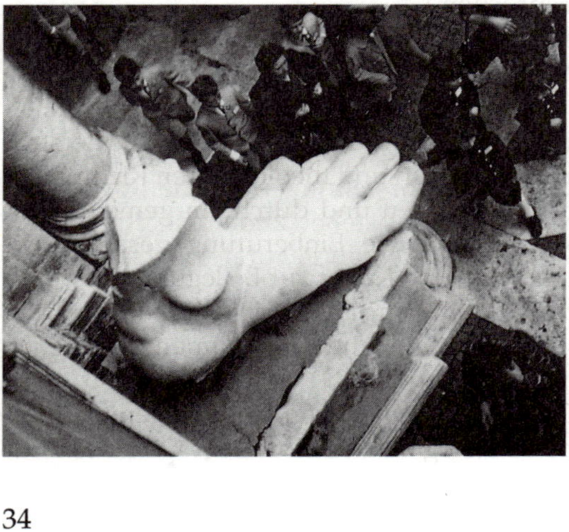

Abbildung 15: Reste der Monumentalstatue Konstantins aus der Maxentius-Basilika in Rom.

„Den Heiden ein Heide, den Christen ein Christ" Die Religionspolitik Konstantins seit dem Mailänder Toleranz-Edikt des Jahres 313

Mit Konstantin wandelte sich die Rolle des Christentums von einer ausgegrenzten (und sich selbst ausgrenzenden) Minderheit zu *einer* etablierten Glaubensrichtung *neben* anderen. Wo Diokletian vergeblich versucht hatte, die schwindende Reichseinheit zu sichern, indem er nicht konforme Minderheiten verfolgte, da ging Konstantin einen neuen Weg. Er bekämpfte das Christentum nicht länger, sondern bemühte sich um die Integration dieser Gemeinschaft, deren Anhänger längst in allen Teilen des Imperiums präsent waren. So hoffte er, mit ihrer Hilfe das Reich zu stärken. Den meisten Christen kam diese neue Politik gerade recht; beteuerte doch schon Justin in der Mitte des zweiten Jahrhunderts, es gebe keine besseren Helfer zur Aufrechterhaltung der politischen Ordnung als die Christen; und Clemens von Rom hatte am Ende des ersten Jahrhunderts ebenso wie Tertullian hundert Jahre später für den Kaiser ein eigenes Gebet gesprochen.[46]

Eine wesentliche Voraussetzung dafür, daß das Christentum als Stabilisierungsfaktor dienen konnte, war eine einheitliche Reichskirche. Konstantin ergriff daher zielstrebig Maßnahmen, um die untereinander völlig zerstrittenen kirchlichen Parteien und theologischen Richtungen miteinander zu versöhnen und durch ein gemeinsames Bekenntnis zu binden. Die Einberufung gesamtkirchlicher Synoden durch den Kaiser zur Beilegung von Streitfragen und zur Formulierung allgemein verbindlicher Dogmen wurde fortan ein wichtiges Instrument der neuen Kirchenpolitik.[47]

Im Jahre 325 - nur wenige Monate, nachdem es Konstantin durch den Sieg über Licinius im Osten endlich gelungen war, alleiniger Kaiser des gesamten römischen Reiches zu werden - trat auf seine persönliche Einladung erstmals eine Synode in Nicäa zusammen, in der Bischöfe aus allen Gegenden des römischen Reiches und Vertreter aller „Konfessionen" anwesend waren. Außerdem unterstützte Konstantin die Kirche finanziell, förderte etwa den Kirchenbau. Christen stiegen allmählich in höhere Beamtenstellungen auf, Bischöfe wurden zu juristischen Personen erklärt, die bevollmächtigt waren, Sklaven frei zu lassen; auch konnte die Kirche als anerkannte Institution etwa Erbschaften annehmen.

Konstantin lehnte es zwar entschieden ab, die heidnischen Tempel - die Banken der Antike - generell zu verbieten. Ab 331 aber wurden ihre Schätze enteignet und manche Tempel sogar geschlossen, wenn sie für Christen ein besonderes Ärgernis bildeten. Der Zeitgenosse Libanius warf dem Kaiser darum vor, Städte verschandelt und Tempel geplündert zu haben.[48] Gleichzeitig aber erlaubte Konstantin die Errichtung eines Tempels in Hispellum, in dem die kaiserliche Dynastie, die *gens Flavia*, verehrt werden sollte - allerdings unter der Bedingung, daß dort kein abergläubischer Kult stattfinden dürfe. Wahrscheinlich bezieht sich diese Einschränkung auf das von ihm erlassene Verbot des Kaiseropfers.

Konstantin verzichtete auch auf andere Rituale und Zeichen, die den Zorn seiner christlichen Untertanen hätten erregen können. So legte er den aus dem Sonnenkult stammenden Titel *invictus* ab, der seit Commodus (180-192) - einem großen Verehrer des Mithras - Teil der kaiserlichen Titulatur gewesen[49] und als Inschrift auch auf konstantinischen Goldmünzen noch verwendet worden war.[50] Stattdessen bezeichnete er sich neutraler nur noch als *victor*, „Sieger".[51] Auch wurden - soweit archäologisch nachweisbar - seit damals keine Sol-Münzen mehr geprägt.

Doch trotz all dieser Maßnahmen bekannte Konstantin sich noch immer nicht eindeutig zum Christen- und gegen das Heidentum. Vielmehr bemühte er sich, *beiden* Gruppen gerecht zu werden. Ihm gelang die Gratwanderung, *den Heiden ein Heide und den Christen ein Christ zu sein.* Dafür schuf er bewußt Symbole, die nicht *einer* bestimmten Religion klar zugeordnet werden konnten.

Es hängt wohl mit dieser gewollten Vieldeutigkeit zusammen, wenn Wissenschaftler in bezug auf Konstantin und sein Verhältnis zum Heiden- und Christentum zu sehr konträren Urteilen kommen. Wer etwa den Kaiser für einen überzeugten Christen hält, bewertet meist auch seine Visionen oder die von ihm verwendete Bildersprache vor allem als Ausdruck seines christlichen Selbstbewußtseins; das Umgekehrte gilt entsprechend für diejenigen, die in Konstantin vor allem einen Anhänger des Sonnengottes sehen.

Ein wichtiger Teil der bewußt doppeldeutig gestalteten Politik war im Jahr 321 etwa die Einführung eines besonderen Ruhetags am „ehrwürdigen Tag der Sonne", der auch dem Mithras heilig war.[52] Im zweiten Jahrhundert hatte man die Wochentage nach den damals bekannten Planeten benannt, zu denen auch die Sonne gezählt wurde. Konstantin blieb bei diesen heidnischen Namen, obwohl bereits im Neuen Testament der (nach jüdischer Zählung) erste Tag der Woche als „Tag des Herrn"[53] bezeichnet wird. Die germanischen Sprachen übernahmen übrigens später den konstantinisch-heidnischen Sprachgebrauch (*Sonn*tag, *Sun*day), während die romanischen Sprachen der neutestamentlichen Terminologie folgten (domenica, dimanche - abgeleitet von lateinisch *dominus*, „Herr").

Gerade im Bericht des Euseb wird die Ambivalenz des Sonntag-Gesetzes deutlich, das alle Deutungen zuließ:

„Er [Konstantin] erließ ein Gesetz für alle Bürger des römischen Reiches, an den nach dem Erlöser benannten Tagen zu feiern ... Er belehrte sodann sein ganzes Heer, mit Eifer den Tag des Erlösers zu feiern, der auch nach dem Licht und nach der Sonne benannt ist."

Konstantin ließ seine heidnischen Soldaten sogar eigens ein Gebet auswendig lernen, das sie an diesem Tag bezeichnender Weise nicht in einer Kirche, sondern auf freiem Feld vor der Stadt sprechen sollten und das bewußt in der Schwebe ließ, an wen es sich richtete: „Dich allein erkennen wir als Gott an, Dich bekennen wir als König, Dich flehen wir an als Helfer; von Dir haben wir die Siege erhalten, durch Dich die Obmacht gewonnen über die Feinde. Dir wissen wir Dank für die schon erhaltenen Wohltaten, Dir hoffen wir für die zukünftigen danken zu können. An Dich wenden wir uns mit flehentlichen Bitten: Bewahre unseren Kaiser Konstantin und seine gottgeliebten Söhne recht lange und siegreich am Leben!"[54]

Ebenso vieldeutig war auch die Gestaltung der neuen Hauptstadt des römischen Imperiums. Seit dem Jahr 325 betrieb Konstantin den systematischen und prächtigen Ausbau der nach ihm neu benannten Stadt Konstantinopel, die 330 eingeweiht wurde. Dabei scheute der Kaiser nicht einmal davor zurück, die Schätze der Tempel des Umlandes zu plündern und heidnische Kunstwerke von überall herbei zu schaffen. Selbst Euseb, der sich stets bemüht, Konstantin als wahrhaft christlichen Herrscher darzustellen, konnte den heidnischen Schmuck des „neuen Rom" nicht einfach ignorieren. Wenig überzeugend behauptete er darum, daß diese Maßnahme allein zur Verächtlichmachung der römisch-griechischen Götter gedient habe.[55]

Oft hat man Konstantinopel als das christliche Gegenstück zum alten, heidnischen Rom bezeichnet. Um so erstaunlicher ist es, daß im Zentrum der Stadt - in der es zwar keinen Tempel für den kapitolinischen Jupiter, dafür aber ein Heiligtum der Stadtgöttin Tyche gab[56] - auf dem Konstantinsforum eine vergoldete Statue des Kaisers errichtet wurde, die auf der höchsten Porphyrsäule der Welt stand und dem Sonnengott nachgestaltet war.[57] Wahrscheinlich handelte es sich um eine Apollon-Statue, die Konstantin eigens umarbeiten ließ, so daß sie seine eigenen Gesichtszüge trug. Das Standbild hielt in der einen Hand eine Weltkugel und trug auf dem Kopf einen siebenstrahligen Lichtkranz.[58] Nach dem Zeugnis des Leon Grammatikos aus dem elften Jahrhundert lautete die Inschrift: „Für Konstantin, der leuchtet wie die Sonne."[59] Erst im zwölften Jahrhundert stürzte die Statue bei einem Unwetter zu Boden und zerbrach.

Sonnenkult und Christuskult - Ein Vergleich am Beispiel der Mithras-Religion

Schon früh hatten die Christen bei Römern in dem Ruf gestanden, Sonnenanbeter zu sein. So heißt es etwa bei Tertullian: „Andere dagegen haben die freundlichere und wahrscheinlichere Vorstellung, die Sonne sei unser Gott."[60] Die Tatsache, daß es Konstantin so mühelos gelang, Elemente des Christentums mit denen des Sonnenkultes zu verschmelzen, macht deutlich, daß es zwischen beiden Religionen deutliche Parallelen gab. Dies spürten auch christliche Theologen, die besonders den Mithras-Kult zur Zielscheibe ihrer Polemik machten. Tertullian begründete um das Jahr 200 die bestehende Ähnlichkeit: „Daran wollen wir die geniale List des Teufels erkennen, der sich deshalb Einiges von den göttlichen Dingen angeeignet hat, um uns ... zu verwirren und dann zu verurteilen."[61]

Tatsächlich finden sich zu zentralen Wesensmerkmalen des Christentums Entsprechungen im Kult des Mithras, für den übrigens (wie für zahlreiche andere Götter auch) die „gut christlichen" Attribute „Herr", „Allmächtiger", „Helfer" und „Wohltäter" bezeugt sind.[62] Solche Parallelen weisen jedoch nicht auf gegenseitige Abhängigkeit, sondern spiegeln vielmehr die damalige Stimmung wider, in der bestimmte Vorstellungen und die ihnen gemäßen Symbolhandlungen gleichsam „in der Luft lagen".

Sowohl angehende Christen als auch Mithras-Verehrer mußten sich einer heilsnotwendigen Einweihungszeremonie unterziehen, der eine Unterweisung in die jeweilige Lehre vorausging.[63] Wieder ist es Tertullian, der berichtet, daß auch die Heiden, etwa die Anhänger der Isis oder des Mithras, eine Art Taufe kennen; allerdings sei ihr Wasser wirkungslos, da ihnen die wahre, Absolution bewirkende Erkenntnis fehle.[64]

Das Zentrum des Mithras-Kultes bildete die in fast allen Heiligtümern bildlich dargestellte Opferung eines Stieres durch die Gottheit - ein kosmisches Ereignis, das Mithras als den Schöpfer des Alls erweist. In einem römischen Mithräum, das sich noch immer unter der Kirche S. Prisca befindet (Kirchen wurden bevorzugt auf heidnischen Heiligtümern errichtet), kommentiert eine Inschrift dieses Opfer mit den Worten: „Auch Du hast uns gerettet, indem Du das ewige Blut vergossest."[65] Der Tod des Stieres, der ein traditionelles Symbol der Fruchtbarkeit ist, bringt neues Leben hervor. Und so wächst auf den Altarbildern aus der Halswunde des Stiers oft eine Traube, aus seinem Schwanz eine Ähre hervor - Symbole für Wein und Brot.[66]

Abbildung 16:
Mithras-Relief
aus Neuenheim
bei Heidelberg.

Hauptbild:
Mithras tötet den Stier; links oben eine Büste des Sonnengottes, rechts die Büste der Mondgöttin Luna. Aus dem Schwanz des Stieres wachsen Ähren als Symbol neuen Lebens aus dem Tod.

Umlaufend sind verschiedene Szenen aus dem Mithras-Mythos abgebildet.

Die Vergegenwärtigung des Stieropfers fand durch ein Gemeinschaftsmahl statt, das im Mythos von Mithras und Sol gefeiert und im Kult von den Gläubigen imitiert wurde. Der Christ Justin schrieb darüber in der Mitte des zweiten Jahrhunderts im Anschluß an einige Bemerkungen zum christlichen Abendmahl: „Die bösen Dämonen haben dies nachgeahmt und in den Mithras-Mysterien denselben Ritus tradiert; ihr wißt ja oder könnt leicht in Erfahrung bringen, daß bei der Einweihung des neuen Mysten Brot und ein Becher Wasser vorgesetzt und dazu gewisse Aussprüche getan werden."[67]

Abbildung 17: Mithras-Relief aus Ladenburg.
Mithras (rechts) und Sol (links) bei der Feier des heiligen Mahles. Die Götter liegen auf dem Fell des geopferten Stieres. Im Vordergrund ein Tisch, der ebenfalls aus Resten des Stieres geformt ist. Darauf liegen Weintrauben und Brote als Verkörperung des heilbringenden Opferblutes und -fleisches.

Doch nicht allein im Kult, sondern auch in der Theologie gab es Parallelen. Bei Tertullian heißt es in einer Schrift über die Häresien: „... vom Teufel, versteht sich, dessen Rolle es ja ist, die Wahrheit zu verdrehen, der sogar die Handlungen der göttlichen Sakramente in seinen Götzenmysterien nachäfft. Er tauft auch ... er verheißt Nachlassung der Sünden in Kraft eines Taufbades. Und wenn ich noch des Mithras gedenke, so bezeichnet der Teufel dort seine 'Soldaten' durch ein Zeichen auf der Stirn und feiert eine Darreichung des Brotes und führt eine Nachahmung der Auferstehung vor."[68] Die Hoffnung auf eine Auferstehung kommt anschaulich zum Ausdruck in der häufig abgebildeten Himmelfahrt des Mithras, der nach Abschluß seiner irdischen Taten als Sonnengott - oder mitsamt dem Sonnengott - in einem Wagen gen Himmel fährt.[69] Wie Mithras, so hofften auch seine Verehrer, daß ihre Seelen eines Tages mit Hilfe des Gottes ins Sonnenlicht zurückkehren würden.[70]

Abbildung 18:
Mithras-Relief aus Neuenheim bei Heidelberg.
Der Ausschnitt des umlaufenden Reliefbandes
zeigt die Himmelfahrt von Sol und Mithras in der Quadriga.

Selbst dort, wo es modernen Lesern schwer fällt, eine Parallele zu sehen, fanden die Theologen der frühen Kirche zwischen der Mithras-Religion und dem Christentum noch Ähnlichkeiten, die sie sich nur mit der Nachäffung des Teufels erklären konnten.

So bezeugt Justin unbeabsichtigt das hohe Niveau der mithräischen Morallehre, indem er in bezug auf den Geburtsmythos des Mithras schreibt: „Wenn die Lehrer der Mithras-Mysterien behaupten, Mithras sei aus einem Stein geworden ... soll ich da keine Nachahmung des Daniel-Wortes (Kapitel 2,34) erkennen: 'Ein Stein riß sich ohne menschliches Zutun vom großen Berg los', und ebenso eine Nachahmung dessen, was Jesaja sagt? Sie wagten es sogar, lauter Jesaja-Worte zu entlehnen. Sie haben es nämlich fertig gebracht, Worte der Gerechtigkeit im Munde zu führen." Dann zitiert Justin ausführlich Jesaja 33,14-16, wo es unter anderem heißt: „Wer in Gerechtigkeit wandelt und redet, was recht ist, ... der wird in der Höhe wohnen, und Felsen werden seine Feste und sein Schutz sein. Sein Brot wird ihm gegeben, sein Wasser hat er gewiß." Der „falschen" Auslegung der Mithras-Anhänger stellt Justin, der wie alle frühen Christen die Bibel allegorisch erklärte, entgegen, daß Jesaja an dieser Stelle selbstverständlich prophetisch auf das christliche Abendmahl hinweise ...[71]

In zahlreichen Mithras-Heiligtümern wurden Darstellungen des Zeitgottes Aion gefunden, den man in Alexandria auch als Lichtgott Aion-Helios verehrte und daher ebenfalls mit Mithras identifizierte (zumal die Quersumme des Namens Mithras auf Griechisch den Zahlenwert 365, die Zahl der Tage des Sonnenjahres, ergab). Als die Kirche im vierten Jahrhundert das Weihnachtsfest einführte, entschied sich der Osten zunächst nicht für den 25. Dezember, den Tag des Sonnengottes, sondern für den 6. Januar. Denn an diesem Tag feierte Aion, dessen Mutter übrigens die jungfräuliche Göttin Kore war,[72] seinen Geburtstag. Die armenische Kirche hält bis heute an diesem Tag als Geburtstag Christi fest, bei den übrigen Christen blieb er als Epiphanias-Fest erhalten.[73]

Aus der frühchristlichen Polemik gegen den Mithras-Kult spricht ein Gefühl, das sich bei Theologen des zwanzigsten Jahrhunderts, wenn auch in abgewandelter Form, noch immer findet: die Angst, das Christentum könne mit dem Verlust seiner Einzigartigkeit auch seine Existenzberechtigung einbüßen. Da es inzwischen niemanden mehr überzeugen würde, vorhandene Parallelen zu anderen Religionen auf Teufelswerk zurück zu führen, greifen Theologen heute oft zu einem anderen Mittel: sie versuchen, vor allem die *Un*ähnlichkeit, die Originalität des Christentums gegenüber allen übrigen Religionen hervorzuheben. Um die Notwendigkeit des Christentums zu begründen, wird dieses als etwas gänzlich Neues dargestellt, das mit seinen Inhalten alles bislang Dagewesene „sprengt" (dies ist eines der Lieblingsworte moderner Theologen). Jesus erscheint in diesem Denkmuster entsprechend als der „ganz Andere", selbst wenn dafür eine Religion wie das Judentum bis zur Karikatur verzerrt dargestellt werden muß.

Es stellt sich die Frage, ob die Haltung, die solcher Art des Theologisierens zugrunde liegt, wesentlich unterschieden ist von der des römischen Stadtpräfekten Gracchus, über den Hieronymus in den 70er Jahren des vierten Jahrhunderts lobend berichtet, er habe „die Höhle des Mithras und all die symbolischen Bildnisse ... zerstört, zerstückelt und verbrannt. Nachdem er sich auf diese Weise für seine Gesinnung verbürgte, hat er dann nicht nach der Taufe Christi verlangt?"[74] Archäologisch läßt sich das gewaltsame Vorgehen gegen den Mithras-Kult, das in diesem Zeugnis als Aufnahmeleistung für die Kirche erscheint, an vielen Orten nachweisen. Das Christentum, das im Zusammenhang mit der blutigen Schlacht an der Milvischen Brücke die Bühne der Weltpolitik betreten hatte, setzte hier seinen gewalttätigen Siegeszug fort. Es mutet schon seltsam an, wenn ausgerechnet Hieronymus klagt: Seitdem christliche Kaiser herrschten, sei die Kirche an Reichtum und Macht größer, an Tugenden jedoch kleiner geworden.[75]

Von einer gewissen Martialität des Christentums zeugt übrigens auch das Grab der Konstantin-Mutter Helena, die in einem Mausoleum bei Rom ihre letzte Ruhe fand. Ihr mächtiger Sarkophag, der aus kostbarem Porphyr besteht und wohl ursprünglich für Konstantin hergestellt worden war, ist mit Soldaten verziert, die ihre Feinde brutal niedermachen. Dieses Motiv wurde bereits im fünften Jahrhundert auch auf Christus übertragen, als man ihn triumphierend und auf seinen am Boden liegenden Gegnern stehend darzustellen begann.[76]

Anmerkungen zum römischen Kaiserkult

Seit Augustus den Genius-Kult - eine Art Verehrung des Schutzgottes der kaiserlichen Familie[77] - eingeführt hatte, wuchs bei manchen Kaisern das Bedürfnis, auch persönlich göttliche Verehrung zu genießen. Von Caligula etwa heißt es: „Darauf aufmerksam gemacht, daß er bereits weit über allen Fürsten und Königen stehe, begann er sich göttliche Majestät anzumaßen. So gab er den Auftrag, alle durch ihren besonderen religiösen und künstlerischen Wert hervorragenden Götterbilder ... nach Rom zu bringen und ihre Köpfe gegen den seinen auszutauschen. Auch verlängerte er einen Teil des Palatiums bis zum Forum, ließ den Kastor- und Polluxtempel zur Eingangshalle seines Palastes umwandeln und stellte sich oft zwischen die göttlichen Brüder, um sich von den Besuchern anbeten zu lassen ... Auch seiner eigenen Gottheit stiftete er einen Tempel ... Im Tempel stand sein Bild aus Gold, porträtähnlich und lebensgroß, das täglich mit dem gleichen Gewand wie er selbst bekleidet war."[78] Oft ließ Caligula sich mit goldenem Bart, Dreizack oder anderen Götterattributen in Rom sehen, einmal trat er sogar als Venus auf![79] Selbst im Tempel von Jerusalem wollte er sein Bild aufstellen lassen - ein Plan, der bei Juden aber auf den entschiedensten Widerstand stieß.[80]

Kaiser Domitian begann am Ende des ersten Jahrhunderts ein offizielles Rundschreiben mit den Worten: „'Unser Herr und Gott (dominus et deus) befiehlt folgendes.' Daher wurde es Brauch, ihn später schriftlich und mündlich nie anders anzureden."[81] Das Bekenntnis des Thomas im Johannes-Evangelium (Kapitel 20,28), der den Auferstandenen mit einem betonten „*Mein* Herr und *mein* Gott"[82] anspricht, ist wahrscheinlich die frühchristliche Antwort auf diese Form des Kaiserkultes.

Neben solchen eher grotesken Erscheinungen, die im Allgemeinen als „Cäsarenwahn" abgetan werden, gab es aber auch eine „seriöse" Form der Kaiserverehrung: die Apotheose, die Vergottung des gestorbenen Kaisers. Seit dem Tod des Julius Cäsar (44 v.d.g.Z.) war es in Rom üblich, im Rahmen eines feierlichen Staatsaktes den Toten offiziell unter die Götter - in die hierfür eigens geschaffene Klasse der *divi* - einzureihen. Vorbild für die Apotheose war die im Osten seit Alexander übliche Herrscherverehrung, die allerdings im römischen Reich zunächst ausschließlich toten Kaisern zuteil wurde. Sie war an die Zustimmung des Senats gebunden und konnte daher auch verweigert werden. Bei Sueton heißt es dazu: „Cäsar starb ... und wurde nicht nur durch einen offiziellen Beschluß, sondern auch der tiefsten Überzeugung des Volkes entsprechend unter die Götter erhoben. Ja während der erstmaligen Veranstaltung der Spiele, die für seine Aufnahme unter die Götter sein Erbe Augustus aufführen ließ, glänzte ein Komet während sieben Tagen hintereinander am Himmel ... und man glaubte, es sei die Seele des in den Himmel aufgenommenen Cäsar."[83]

Auch der Kirchenvater Tertullian erwähnt „einen alten Beschluß, daß kein Gott von einem Imperator geweiht werden dürfte, wenn der Senat ihn nicht geprüft und gebilligt habe". Interessanter Weise behauptet er dann: „Tiberius nun, zu dessen Zeit der Christenname in die Welt eintrat, berichtete das ihm aus dem syrischen Palästina gemeldete Geschehen, welches dort die Wahrheit der wirklichen, reinen Gottheit offenbart hatte, dem Senat und befürwortete es mit seiner Stimme."[84] Doch leider habe der Senat von Rom es abgelehnt, Christus zum römischen *divus* zu ernennen - und so mußte Letzterer sich noch drei Jahrhunderte gedulden, bis ihm mit Hilfe Konstantins diese Ehre zuteil wurde ...

Das Ritual der Apotheose sah vor, daß der Verstorbene in feierlicher Prozession auf das Marsfeld getragen und dort verbrannt wurde. In Erinnerung an den Mythos vom Phönix, der aus der Asche zu neuem Leben aufsteigt, ließ man einen Adler, bei kaiserlichen Frauen auch einen Pfau fliegen. Adler und Pfau waren traditionell dem höchsten römischen Götterpaar Jupiter und Juno zugeordnet, die symbolisch die Himmelfahrt begleiteten. Anschließend wurden dem neuen Gott oder der neuen Göttin Altäre errichtet und besondere Münzen, sogenannte Konsekrations-Münzen, mit dem Bild des oder der Verstorbenen und der Aufschrift *divus* bzw.

diva geprägt.[85] Wie wenig ernst freilich von manchen Römern die Apotheose genommen wurde, zeigt die respektlose Bemerkung Vespasians, der „beim ersten Anfall seiner tödlichen Krankheit ausrief: O weh, ich glaube, ich werde ein Gott!“[86]

Konsekrationsmünzen des Antoninus Pius (138-161) und seiner Frau Faustina I. (gestorben 140), denen auch der Tempel auf dem Forum Romanum geweiht war (dazu Abbildung 1):

Abbildungen 19 und 20:
Büste des Kaisers mit der Umschrift: DIVUS M. ANTONINUS PIUS.
Himmelfahrt des vergöttlichten Kaisers, der auf einem Adler reitet. Umschrift: CONSECRATIO (Vergötterung).

Abbildungen 21 und 22:
Büste der Kaiserin mit der Umschrift: DIVA FAUSTINA.
Himmelfahrt der vergöttlichten Kaiserin, die auf einem Pfau reitet. Umschrift: CONSECRATIO (Vergötterung).

Erst zu Beginn des dritten Jahrhunderts setzten die severischen Kaiser die öffentliche Anerkennung ihrer göttlichen Majestät *bereits zu Lebzeiten* durch. Aurelian, der 274 in Rom einen öffentlichen Tempel für den Sonnengott weihte, nahm im selben Jahr offiziell den (von Domitian bereits beanspruchten) Titel „Herr und Gott" an.[87] Unter Diokletian endlich wurde das Zeremoniell der *adoratio* („Anbetung") bei Hofe eingeführt: selbst Senatoren mußten, wenn sie dem Kaiser begegneten, in gebückter Haltung seinen Mantel küssen.[88]

Mit dem Regierungsantritt Konstantins wurde diese Form kaiserlicher Machtdemonstration nicht etwa abgeschafft. Vielmehr nahm das den Herrscher überhöhende Hofzeremoniell, mit dem die himmlischen Wurzeln seiner Macht betont werden sollten, noch zu, um bald auch die christliche Ikonographie und Liturgie entscheidend zu beeinflussen. Die Erhebung des Kaisers über das Menschliche hinaus wurde etwa durch besondere Kleider zum Ausdruck gebracht. So durfte nur er - und dann auf Fresken und Mosaiken auch Christus - purpurne Gewänder tragen; die Verwendung des gleichfarbigen Porphyr-Steins, aus dem in Konstantinopel die riesige Säule mit der Apollon-Konstantin-Statue bestand, war ebenfalls dem Kaiser vorbehalten.[89] An der üppigen Verwendung dieses besonderen Steins läßt sich beispielhaft noch einmal der absolute Herrschaftsanspruch Konstantins ablesen, der sich von Gott - welchen Namen er auch trage - zur Macht berufen fühlte.

Exkurs: Die Verwendung des Porphyr-Steins als Symbol göttlicher Autorität

Der dunkelrote Porphyr (abgeleitet von dem griechischen Wort für Purpur) gilt als vornehmster Prunkstein der Antike. In größeren Blöcken wurde er nur an einem einzigen

Ort der alten Welt gefunden: auf dem Porphyr-Berg in der unwirtlichen Wüste Ägyptens. Bereits zur Zeit der Ptolemäer, der Nachfahren Alexanders des Großen auf dem ägyptischen Thron, war dieser Berg königliches Eigentum. Denn die herrschaftliche Farbe der Ptolemäer war purpur, und so wurde Porphyr zum Königsstein schlechthin. Das Monopol für seine Verarbeitung lag in den Händen derer, die sich als Gottkönige verehren ließen. Seit damals gehörten Porphyr und Herrscherkult untrennbar zusammen.

Mit der Eroberung Ägyptens durch Octavian Augustus im Jahre 30 v.d.g.Z. ging der Besitz des Steinbruchs auf die römischen Kaiser über. Die meisten von ihnen vermieden allerdings zunächst die Verwendung des Porphyr; hatte doch die Ermordung Cäsars gezeigt, wie ablehnend der republikanisch gesinnte, römische Senat dem orientalisch-hellenistischen Herrscherideal gegenüber stand. Im ersten christlichen Jahrhundert läßt sich darum der Gebrauch von Porphyr vor allem bei solchen Kaisern nachweisen, die dem östlichen Gottkönigtum auch sonst nacheiferten: nämlich bei Caligula, Nero und Domitian.

Mit dem Regierungsantritt Trajans im Jahre 98 begann am Porphyr-Berg der Abbau im großen Stil. Denn Trajan verstand sich als geistiger Nachfahre Alexanders, dessen Reich er wieder herstellen wollte. Nicht zufällig erreichte das römische Imperium in dieser Zeit seine größte Ausdehung, vor allem nach Osten. Bis in die Zeit Marc Aurels wurde Porphyr - nun endgültig als Symbol unbeschränkter Herrschaft etabliert - oft und gern verarbeitet, für Vasen und Skulpturen ebenso wie für Säulen oder andere architektonische Elemente.

Während des dritten Jahrhunderts ging die Verwendung des Porphyr vorübergehend zurück: mit der allgemein herrschenden Krise des römischen Reiches war auch der Steinbruch in Ägypten nicht mehr sicher. Erst Diokletian, der wieder für stabilere politische Verhältnisse sorgte, intensivierte den Abbau von Porphyr erneut: der kaiserliche Stein kam in Mode wie nie zuvor - und das umso mehr, als die Farbe Purpur auch für das neu eingeführte Hofzeremoniell von großer Bedeutung war. Konstantin (und in seiner Nachfolge die Kirche) übernahm den purpurnen Prunk und steigerte ihn noch; sein Palast soll nur so von Porphyr gestrotzt haben.

Um das Jahr 350 wurde der Abbau des Porphyr eingestellt, vermutlich weil Rom seine Truppen aus Ägypten abzog und der Steinbruch darum außerhalb des römischen Machtbereichs lag. Trotzdem blieb der Stein bis ins Mittelalter der begehrte und bald auch mystisch verklärte kaiserliche Stein. Noch die Staufer-Kaiser ließen sich in Porphyr-Sarkophagen bzw. -Wannen (weil es keine Steine mehr gab, die groß genug zur Herstellung von ganzen Särgen gewesen wären) begraben.[90]

Angesichts der langen Tradition des Kaiserkultes, der in der Zeit der Tetrarchie noch eine Steigerung erfahren hatte, wird es Konstantin - auch in Anbetracht seines eigenen Sendungsbewußtseins - nicht leicht gefallen sein, auf die *direkte* Verehrung als Gott zu verzichten. Dennoch schaffte er mit Rücksicht auf seine christlichen Untertanen, deren Christus niemanden neben sich duldete, den Kaiserkult - offiziell jedenfalls - ab. Allerdings blieb der alte Brauch, dem Bild des Kaisers zu huldigen, das stellvertretend für seine persönliche Anwesenheit in allen Teilen des Imperiums aufgestellt war, auch unter den christlichen Kaisern erhalten. Dies beweist etwa der Kommentar des Hieronymus zum Buch Daniel aus der zweiten Hälfte des vierten Jahrhunderts, in dem der Kirchenvater scharf gegen diese Sitte protestierte.

In Daniel 3 wird von dem babylonischen König Nebukadnezar berichtet, er habe ein goldenes Bild von sich aufstellen lassen und alle Untertanen aufgefordert, vor diesem niederzufallen und es anzubeten. Wer sich weigerte, sollte verbrannt werden. Die Vielen befolgten daraufhin den königlichen Befehl; nur drei jüdische Männer verweigerten sich diesem Götzendienst und wurden prompt in den Feuerofen geworfen. Doch Gott rettete sie wegen ihrer Treue auf wunderbare Weise, so daß sie unversehrt dem Feuertod entkamen. Anhand dieses Textes, der für Christen schon während der früheren Verfolgungszeiten von zentraler Bedeutung gewesen war, warnte Hieronymus eindringlich davor, das Bild des römischen Kaisers zu verehren.

Daniel 3 war bereits in frühkonstantinischer Zeit als Bildmotiv auf christlichen Sarkophagen sehr beliebt. Bemerkenswert ist, daß dieser Szene oft die Huldigung Jesu durch die „Weisen aus dem Morgenland" gegenübergestellt wird, die nach Matthäus 2,11 ebenfalls „niederfielen und anbeteten". Der Ablehnung des verwerflichen Kaiserkults entsprach nach diesem Verständnis also die Anbetung Jesu als gottgefällige Tat. Damit vertraten Christen eine Vorstellung, die zumindest aus biblischer und jüdischer Sicht nicht minder götzendienerisch war!

Die Problematik der Darstellung wird noch dadurch gesteigert, daß sie häufig an einem entscheidenden Punkt vom neutestamentlichen Bericht abweicht: der erste der Magier überreicht Jesus nämlich nicht einfach Gold, sondern einen Kranz. Mit goldenen Kränzen aber wurden im römischen Imperium ausschließlich die Kaiser beschenkt.[91] Und so wird hier im Grunde nicht der Kaiserkult kritisiert, sondern Jesus einfach zum einzig wahren Kaiser erhoben, hinter dem Konstantin und seine Nachfolger an Bedeutung zurückstehen mußten.

Konstantin kompensierte diesen Verlust, indem er den *göttlichen* Anspruch des Herrschers in ein Kaisertum *von Gottes Gnaden* verwandelte - eine Anschauung, durch die das christliche Europa bis zum Ende des ersten Weltkriegs entscheidend geprägt worden ist. Seit Konstantin wurde der Hof des Kaisers, die weltliche Hierarchie, zum Abbild der himmlischen Ordnung, der Kaiser selbst zum Stellvertreter Christi auf Erden, in dessen Glanz er sich sonnte. Dabei verhielt es sich in Wirklichkeit allerdings genau umgekehrt: war es doch ein selbstgemachter Glanz, der „vom Himmel" auf den Kaiser herabstrahlte. Denn nicht die Theologie hatte das Kaisertum geprägt, sondern der kaiserliche Absolutismus sowie das höfische Zeremoniell veränderten das Bild Christi, der sich im Verlauf des vierten Jahrhunderts - etwa auf Darstellungen in den Kirchen und auf Sarkophag-Reliefs - von einem irdischen Lehrer und Messias in einen kosmischen Weltherrscher verwandelte.[92]

Das Begräbnis Konstantins

Im Jahre 337 rüstete Konstantin zum Krieg gegen die Perser, die an der Ostgrenze des Imperiums seit Jahrhunderten immer wieder gegen Rom aufbegehrt und für Unruhe gesorgt hatten. Es ist symptomatisch für die neue Rolle der Kirche, daß der Kaiser mit Feldgeistlichen in die Schlacht ziehen wollte: mit Bischöfen, welche unterwegs die nötigen Kulthandlungen vollziehen sollten.[93] Hatten noch wenige Jahrzehnte zuvor manche Christen den Kriegsdienst verweigert, weil sie als Soldaten unweigerlich gezwungen waren, an heidnischen Ritualen teilzunehmen, so richtete sich das Christentum inzwischen sogar im Heer ein. Doch bevor es zur Schlacht kam, erkrankte Konstantin und empfing, da er den Tod nahen fühlte, die Taufe. Bald darauf starb er.

Die Ambivalenz der konstantinischen Religionspolitik setzte sich auch nach seinem Tod fort. Noch posthum gelang ihm - zumindest vorübergehend - die schwierige Gratwanderung zwischen der alten und der neuen Religion: in der Gestaltung seines Begräbnisses.

Der römische Senat hatte, wie üblich bei dem Tod eines Kaisers, um die Überführung der Leiche zur feierlichen Verbrennung in Rom gebeten. Der Bitte wurde jedoch nicht entsprochen, denn Konstantin hatte für den Fall seines Todes andere Pläne und entsprechende Anweisungen erteilt. Euseb berichtet in seiner Konstantin-Vita[94] ausführlich von den Begräbnis-Feierlichkeiten. In der prächtigsten Kirche Konstantinopels, in der Apostel-Kirche, wurde der Kaiser in einem vergoldeten Porphyr-Sarg beigesetzt. Die Kirche, die auf den Grundmauern eines Zwölf-Götter-Altars errichtet worden sein soll,[95] war den zwölf Aposteln geweiht, deren Gräber man damals noch nicht „gefunden" hatte und die darum hier gleichsam stellvertretend verehrt wurden. Konstantin, der von sich einmal gesagt hatte: Ihr seid die Bischöfe derer, die innerhalb, ich dagegen bin „der von Gott eingesetzte Bischof derer, die außerhalb der Kirche sind",[96] war im Tod also umgeben von den biblischen Aposteln, deren Gräber zwölf Stelen symbolisierten. Mit sechs Stelen zu seiner Linken und sechs zur Rechten nahm der kaiserliche Sarg im Zentrum genau den Platz ein, den sonst in christlicher Ikonographie immer nur Christus selbst inne hatte!

Damit verzichtete Konstantin zwar auf die Apotheose, denn die üblichen Zeremonien, darunter das dem Toten dargebrachte Opfer, unterblieben. Doch hatte er sich im Rahmen dessen, was in einer christlich werdenden Welt möglich war, wieder einmal einen würdigen Ersatz geschaffen. Euseb formulierte die Absicht des Kaisers überraschend deutlich: „Er selbst hatte sich diesen Ort für die kommende Zeit seines Todes ersehen, da er in seinem unermeßlich freudigen Glauben voraussah, daß seine Leiche nach dem Tod den Namen eines Apostels erhalten werde; er wollte so auch nach seinem Hinscheiden noch der Gebete gewürdigt werden, die dort zu Ehren der Apostel dargebracht würden. Darum gab er auch Befehl, dort Gottesdienste zu halten ... [Auf diese Weise wurde die Seele Konstantins] durch den Namen der Apostel mitgefeiert und dem Volke Gottes zugeschart, des Gottesdienstes und des geheimnisvollen Opfers teilhaftig und erhielt Anteil an den heiligen Gebeten."[97]

Seine „freudige Voraussicht" hat Konstantin nicht getrogen: in der Ostkirche haben seine Verdienste ihm tatsächlich den Titel „Apostelgleicher"[98] eingebracht. Später wurde er außerdem als „dreizehnter Verkünder des Glaubens" gefeiert und, zusammen mit seiner Mutter Helena, heilig gesprochen[99] - eine erstaunliche Karriere für einen Mann, der Zeit seines Lebens den Titel *pontifex maximus* (Großpriester der römisch-heidnischen Religion) trug und im Leben wie im Tod von seinen Beamten und Soldaten durch die Zeremonie der *adoratio* geehrt wurde. Bei Euseb heißt es dazu: „Die Führer des ganzen Heeres, die Comites und die ganze Schar der Beamten, für die es früher Brauch gewesen war, vor dem Kaiser niederzufallen, änderten auch jetzt nichts an der gewohnten Sitte; sie traten zu bestimmten Stunden ein, um dem Kaiser auf der Bahre wie bei seinen Lebzeiten so auch nach seinem Tod, auf die Kniee gesunken, ihre Huldigung darzubringen."[100]

Auf seinen Konsekrationsmünzen - Konstantin war übrigens der letzte Kaiser, dem zu Ehren man solche Münzen prägte - wurde er außerdem als Vergöttlichter bezeichnet. Euseb beschreibt diesen Münzentyp, der auch archäologisch häufig nachgewiesen ist und den Verstorbenen ein letztes Mal in der Pose des Sonnengottes zeigt: „Auf der Vorderseite stellten sie den Seligen mit verhülltem Haupt, auf der Rückseite nach Art eines Wagenlenkers mit einem Viergespann dar, wie er von einer Hand, die sich ihm von oben entgegenstreckt, aufgenommen wird.“[101]

Abbildung 23:
Konsekrationsmünze Konstantins, die ihn bei seiner Himmelfahrt in der Quadriga zeigt.

Abbildung 24:
Traditionelle Darstellung des Sol in der Quadriga, die Peitsche schwingend.
Legende:
SOLI INVICTO - „dem unbesiegten Sonnengott“.
Münze des Kaisers Probus, 276-282.

Abbildung 25: Rückseite der Konsekrationsmünze Konstantins, die den Kaiser mit verhülltem Haupt zeigt.

Das Motiv des verhüllten Hauptes ist nicht sicher zu deuten, weil bei Männern sehr unüblich. Vielleicht ist es eine Anspielung auf 1.Könige 19,13, wo Elia sein Haupt verhüllt, als er Gott am Berg Horeb begegnet. Auch die Himmelfahrt in der Quadriga - obwohl ein seit Hadrian auf Konsekrationsmünzen verbreitetes römisches Motiv, das auf Darstellungen des Sonnengottes ebenfalls häufig zu finden ist - konnte von Christen als Anspielung auf die Himmelfahrt Elias interpretiert werden. Das beweisen etwa zeitgleiche christliche Sarkophage mit demselben Thema, wobei Elia als Typos - als Vorbild - für Christus gedeutet wird. Zu der Identifizierung des Helios mit Elia trug sicher auch der Gleichklang ihrer Namen bei: unterscheiden sich doch die beiden im Griechischen nur durch einen einzigen Buchstaben (Ηλιου - Ηλιος).[102]

Der Triumph der Kirche über Heidentum und Judentum nach dem Tod Konstantins

War Konstantin noch um einen Ausgleich zwischen Heiden und Christen bemüht gewesen, so verlagerte sich unter seinen Nachfolgern das Gewicht immer mehr zugunsten der Kirche. Kaiser Julian (361-363), von dem erzählt wird, er habe in Caesarea Philippi eine Christus-Statue durch sein eigenes Bild ersetzen lassen,[103] versuchte zwar, die Entwicklung noch einmal umzukehren, und begünstigte das Heidentum - doch letztlich ohne Erfolg.[104]

Mit der politischen Bedeutung des Christentums nahm auch dessen Intoleranz zu; und schon bald kam es zu gewaltsamen Aktionen gegen diejenigen, die sich den neuen Machtverhältnissen nicht beugen wollten. Führende Christen, wenige Jahre zuvor noch dankbar dafür, die Sympathie des Kaisers gewonnen zu haben, versuchten mehr und mehr, auf diesen Einfluß zu gewinnen oder sogar Druck auszuüben.

Besonders deutlich wurde die neue Entwicklung zunächst am Schicksal der Gebeine Konstantins. Schon bald nach seinem Begräbnis nahmen manche Christen nämlich Anstoß an seiner allzu sehr vom Persönlichkeitskult geprägten Grabstätte in der Apostel-Kirche. Vollends untragbar erschien die Situation, als in den 50er Jahren des vierten Jahrhunderts Kaiser Konstantius die inzwischen „gefundenen" Reliquien mehrerer Apostel und Evangelisten nach Konstantinopel bringen und in derselben Kirche beisetzen ließ. Damals entschloß man sich, die sterblichen Überreste Konstantins - als Ausdruck kirchlicher Überlegenheit gegenüber dem weltlichen Regiment - in ein eigenes Mausoleum *außerhalb* des Sakralbaus zu überführen. Dies geschah offiziell allerdings unter dem Vorwand, das Gebäude über dem Sarkophag sei vom Einsturz bedroht.[105]

Der Kampf um die Macht zwischen Kirche und Kaiser, der hier noch eine relativ elegante Lösung gefunden hatte, wurde nur dreißig Jahre später ganz offen und schonungslos ausgetragen und klar *für die Kirche* entschieden. Zwei Beispiele bringen die Niederlage des christlichen Kaisers - und mit ihm des Heiden- und auch des Judentums - auf den Punkt:

Der Streit um die Synagoge von Kallinikon

Schon lange besaß das Judentum im römischen Reich - trotz allgemein verbreiteter antijüdischer Ressentiments - den Status einer religio licita: Juden hatten das Recht, innerhalb der eigenen Gemeinde nach eigenen Gesetzen zu leben und Streitigkeiten selber zu schlichten. Damit verbunden war außerdem die Freistellung vom heidnischen Staatskult. Ihre Solidarität mit Rom demonstrierten sie (jedenfalls bis zur Zerstörung des Jerusalemer Tempels im Jahre 70), indem sie zwar nicht dem Kaiser selbst, jedoch für das Wohl des Kaisers ihrem Gott Opfer darbrachten.

Der frühen Kirche hingegen, die ja aus dem Judentum kam, blieb das Privileg der religio licita lange Zeit versagt - vielleicht weil das Judentum durch seine Definition als Religion *und Nation* aus Sicht der römischen Behörden leichter überschaubar war als eine aus allen Völkern gemischte, auf Weltmission ausgerichtete Kirche.[106] Erst im Toleranz-Edikt des Galerius aus dem Jahr 311, das der „konstantinischen Wende" - dem Mailänder Edikt - um zwei Jahre vorausging, wurde den Christen das Recht zugesprochen, ihren Glauben offen zu leben, wobei ihnen als Ersatz für das Kaiseropfer auferlegt wurde, zu ihrem Gott für das kaiserliche Wohlergehen, für das des Volkes und ihr eigenes zu flehen, damit das Staatswesen in jeder Beziehung unversehrt bleibe.[107]

Caracalla hatte im Jahre 212 allen Reichsbewohnern das Bürgerrecht verliehen, um auf diese Weise das Steueraufkommen zu erhöhen; denn nur Bürger waren steuerpflichtig. Seitdem standen öffentliche Ämter - etwa in der Kurie, der städtischen Verwaltung - auch für Juden offen. Doch schon bald verwandelte sich diese Ehre in eine Last, da es eine kostspielige Sache war, dem Stadtrat anzugehören. Im Midrasch Bereschit Rabba 76,6 (zu 1.Mose 32,11) wird diese Situation knapp kommentiert: „Die frevelhafte Regierung [Rom], die ein böses Auge auf den Besitz von Menschen wirft, sagt: Dieser ist reich, machen wir ihn zum Archonten; jener ist reich, machen wir ihn zum Mitglied der Kurie."[108]

Konstantin, dessen politische Entscheidungen in bezug auf Juden trotz seiner Bevorzugung des Christentums relativ verhalten waren, erließ im Jahre 330 als Reaktion auf solche Klagen ein Gesetz, nach dem Juden, die bereits innerhalb der Gemeinde ein Amt hatten, von der „Ehre" weiterer öffentlicher Ämter freigestellt wurden.[109] In genauer Entsprechung dazu hatte der Kaiser auch die christlichen Kleriker von kurialen Verpflichtungen befreien lassen. Bald aber mußte er dieses Gesetz wieder einschränken, da etliche christliche Kuriale sich in den Klerikerstand geflüchtet hatten![110]

Weniger gleichberechtigt als im allgemein-politischen Bereich waren Juden unter Konstantin, sobald es um Fragen der Religion ging. So erließ der Kaiser wahrscheinlich 329 ein Gesetz zum Schutz von Christen, die aus dem Judentum übergetreten waren: sie dürften von Juden bei Todesstrafe nicht angegriffen werden. „Wenn aber" umgekehrt „jemand aus dem Volk ihrer ruchlosen Sekte [nämlich dem Judentum] beitritt und sich ihren Versammlungen anschließt, soll er mit ihnen die verdienten Strafen erleiden."[111]

Es fällt die scharfe, judenfeindliche Sprache auf, die sich ebenso in einem anderen Gesetz findet, das Juden verbot, christliche Sklaven zu halten, und das in der Wiedergabe Eusebs folgendermaßen klingt: „es sei nämlich nicht rechtens, daß die vom Erlöser Losgekauften den Mördern der Propheten und des Herrn durch das Joch der Sklaverei unterworfen seien."[112]

Der Kirchenvater schreibt dieses Gesetz zu Unrecht Konstantin zu; tatsächlich wurde es erst unter dessen Sohn Konstantin II. (337-340) erlassen.[113] So wird an diesem Beispiel deutlich, wie Euseb seine eigene Judenfeindschaft auf Konstantin projiziert. Es ist daher fraglich, welchen Anteil dieser überhaupt an derartigen antijüdischen Ausfällen hatte und was der kirchlichen Redaktion zuzuschreiben ist. Das gilt auch in bezug auf die berüchtigte Rede Konstantins über die Feier des Osterfestes, die Euseb überliefert. In der vorliegenden Form handelt es sich jedenfalls um eine Propagandaschrift, die Konstantins Hinkehr zum Christentum dokumentieren soll:[114]

„Da dortselbst [auf der Synode von Nicäa] auch über das hochheilige Osterfest eine Untersuchung angestellt wurde, ist der einstimmige Beschluß gefaßt worden, es sei gut, wenn alle dasselbe überall an *einem* Tag feierten [manche Christen orientierten sich bei der Feier des Osterfestes am Datum des jüdischen Pesach] ... Zunächst schien es unwürdig zu sein, jenes hochheilige Fest nach dem Gebrauch der Juden zu feiern, die ihre Hände durch ihr gottloses Verbrechen befleckt haben und darum mit Recht als Menschen, auf denen Blutschuld lastet, mit Blindheit des Geistes geschlagen sind ... Nichts soll uns also gemein sein mit dem verhaßten Volk der Juden. Denn wir haben vom Erlöser einen anderen Weg erhalten; vorgezeichnet ist unserer heiligsten Religion eine Bahn, die gesetzmäßig und gebührend ist; diese wollen wir einmütig einhalten und von jener schimpflichen Gemeinschaft uns trennen, geliebte Brüder. Denn es ist in der Tat ganz widersinnig, wenn jene sich rühmen könnten, daß wir ohne ihre Unterweisung nicht imstande wären, dieses Fest zu feiern. Wie werden aber diejenigen richtig denken können, die nach jenem Mord unsres Herrn und Vaters von Sinnen gekommen sind ..."[115]

Die neue Religionspolitik Konstantins hatte wie in Rom und Konstantinopel, so auch in Jerusalem eine rege Kirchenbautätigkeit zur Folge. Das Verbot für Juden, Jerusalem zu betreten, das Kaiser Hadrian nach dem BarKochba-Krieg (132-135) erlassen hatte und das zeitweilig nicht mehr so streng gehalten worden war, verschärfte sich unter christlichem Einfluß erneut. So schreibt Euseb in Auslegung des 58. Psalms (nach der Septuaginta[116]): der Vers „Abend für Abend kommen sie wieder, sie kläffen wie Hunde, durchstreifen die Stadt" stehe im Zusammenhang mit den Verbrechen der Juden gegen Jesus; wegen dessen Tötung seien die Römer gekommen, um Jerusalem zu zerstören; „von da an ist dem ganzen jüdischen Volk der Zugang zu den Stätten untersagt ... Deshalb stehen sie bis heute rund um die Berge und im Kreis herumgehend von ferne."[117] Ob diese Aussage Eusebs allerdings die Realität widerspiegelt, ist ungewiß.

In den Jahrzehnten nach Konstantin verschlechterte sich die Situation der Juden. Christliche Kaiser erließen nun Gesetze, nach denen etwa jeder, der zum Judentum übertrat, seinen Besitz verlor. Umgekehrt durfte kein Judenchrist enterbt werden und kein Christ beschnitten werden, womit jüdische Mission praktisch ausgeschlossen war.[118]

Die Situation spitzte sich dramatisch zu am Ende des vierten Jahrhunderts. Im Jahre 388 kam es in Kallinikon am Euphrat während einer Prozession zu Ehren der makkabäischen Brüder - diese jüdischen Freiheitskämpfer wurden in der Kirche neuerdings für *christliche* Märtyrer gehalten! - zu Tumulten, in deren Verlauf Christen eine Synagoge niederbrannten. Da der Bischof des Ortes sowie gewalttätige Mönchsrotten an der Zerstörung wesentlich beteiligt waren, verfügte der christliche Kaiser Theodosius I. zugunsten der Juden, daß die Synagoge auf Kosten der Kirche wieder aufgebaut werden solle.[119]

Doch da griff der Mailänder Bischof Ambrosius ein, der aus einer alten römischen Familie stammte und vor seiner kirchlichen Laufbahn als erfolgreicher Politiker gewirkt hatte. Als es in Mailand zu Unruhen um die Nachfolge des örtlichen Bischofs gekommen war, hatte Ambrosius in seiner Eigenschaft als Statthalter von Oberitalien den Ort der Streitigkeiten aufgesucht um zu schlichten. Da erklang - so die Legende - inmitten des Tumultes eine Kinderstimme, die rief: Bischof Ambrosius! Plötzlich waren sich alle Anwesenden einig: er soll unser neuer Bischof sein - und so geschah's.[120]

Ambrosius erklärte gegenüber Theodosius öffentlich, es sei ein Frevel, den gottverlassenen Juden solch einen Triumph zu gönnen. Was stehe wohl höher, der Begriff der Ordnung oder das Interesse der Religion? Doch wohl Letzteres, und daher müsse das Strafrecht hinter dem Gebot der Frömmigkeit zurücktreten. Als der Kaiser sich nicht gleich überzeugen ließ, drohte Ambrosius während eines Gottesdienstes vor versammelter Gemeinde, ihm das heilsnotwendige Meßopfer so lange zu verweigern, bis er nachgebe - was Theodosius dann auch tat.[121]

Trotz aller Repressionen und Benachteiligungen wurde das Judentum von der Kirche aber niemals ganz verboten. Dies hatte theologische Gründe: hieß es doch im Römer-Brief des Paulus, daß Israel solange „verstockt" bleibe, bis bei der Wiederkunft Christi, wenn die Fülle der Heiden zum Heil gelangt sei, „ganz Israel gerettet werde".[122] Gerade in ihrer andauernden „Verstocktheit" zeugten Juden nach christlichem Verständnis also für die Wahrheit des Evangeliums, wie es die Kirche repräsentierte!

Anders erging es dem Heidentum, das nur fünfzig Jahre nach dem Tod Konstantins von Theodosius per Gesetz offiziell abgeschafft wurde. Kurz zuvor war es in Rom unter Gratian, mit dem er sich die Herrschaft damals teilte, zu einem Eklat gekommen, der - wie im Fall der Synagoge von Kallinikon - die Macht der Kirche über den Kaiser ein weiteres Mal offenbarte.

Der Streit um das Victoria-Standbild in Rom

Im Jahre 382 ließ Gratian, der als erster Kaiser den Titel *pontifex maximus*[123] abgelegt und den heidnischen Kulten die finanzielle Unterstützung durch den Staat entzogen hatte, aus der römischen Kurie einen Altar der Siegesgöttin Victoria samt Standbild entfernen, das Augustus einst hatte errichten lassen.[124] Der römische Stadtpräfekt Symmachus wandte sich daraufhin mit einem eindrücklichen Bittgesuch an den Nachfolger Gratians, Valentinian II., und bat um die Erlaubnis, die Victoria wieder aufstellen zu dürfen. Schließlich repräsentiere sie eine Zeit, in der Rom groß geworden sei, weshalb sie auch stets den Schutz früherer christlicher Kaiser genossen habe.

Symmachus forderte also das ein, was für Konstantin und seine direkten Nachfolger auf dem Thron noch selbstverständlich gewesen war: die Duldung der alten Religion neben der neuen. Dabei berief er sich auf die für alle römische Religion charakteristische Toleranz: „Was liegt an dem Verständnis, in dem wir so oder so die Wahrheit zu erforschen suchen! Es kann ja nicht bloß *einen* Weg geben, das große Geheimnis zu erreichen."[125]

Abbildung 26:
Legende:
FEL TEMP REPARATIO - „Wiederherstellung glück(licher) Zeit(en)". Der Kaiser steht mit der Christus-Standarte auf einem Schiffsbug; am Steuerrruder die Siegesgöttin Victoria. Heidnische und christliche Symbole stehen in der Mitte des vierten Jahrhunderts also noch *neben*einander.
Münze des Kaisers Konstans I. (337-350), der ein Sohn Konstantins war.

Fast hätte Symmachus Erfolg gehabt, denn Heiden wie Christen stimmten im Kronrat für die Bewilligung seines Antrags - da griff wieder einmal Ambrosius ein. Seit Gratian seinen Wohnsitz in Mailand genommen hatte, war jener nämlich persönlicher Berater des Kaisers und nahm auch politische Aufgaben wahr. Nach der Ermordung Gratians im Jahre 383 gewährleistete der Bischof in Zusammenarbeit mit dem Militär daher auch den Schutz Valentinians II., der damals erst zwölf Jahre alt war.[126]

Als dieser, in seiner Entscheidung den Mitgliedern seines Kronrates folgend, die Wiederaufstellung der Victoria-Statue genehmigen wollte, sprach Ambrosius ihm kurzerhand die Zuständigkeit in dieser Sache ab, da es sich nicht um eine Angelegenheit des Staates, sondern um die Sache Gottes handele. Von einer Gleichberechtigung der verschiedenen Religionen könne außerdem keine Rede sein. Und wie ein paar Jahre später bei Theodosius, so drohte er auch dem jungen Valentinian mit dem Kirchenausschluß: „Wenn ein anders lautender Beschluß gefaßt werden sollte, so können wir Bischöfe dies schlechterdings nicht gleichgültig hinnehmen oder übersehen. Du magst in die Kirche kommen - aber den Priester wirst du dort nicht vorfinden, oder wenn du ihn findest, so wird er dir Widerstand leisten."[127]

Ambrosius setzte sich durch und fügte damit dem Heidentum im Jahr 384 eine entscheidende Niederlage zu. Nur sieben Jahre später wurde jeder heidnische Kult offiziell verboten; das Christentum hatte gesiegt und stieg zur einzigen Staatsreligion auf. Vor allem im Osten kam es daraufhin zu blutigen Zusammenstößen, als Christen im großen Stil begannen, die Tempel zu stürmen. Das Heidentum lebte - soweit es nicht in die Kirche integriert worden war - vor allem in den Privathäusern der Gebildeten weiter. Daß dies nicht ganz ungefährlich war, zeigt etwa das Schicksal der Philosophin Hypatia: als Anhängerin der alten Religion, als Intellektuelle und als Frau hatte sie in der neuen Gesellschaftordnung einen besonders schwierigen Stand und wurde 415/16 durch christlichen Pöbel ermordet.

Von der Gewalt, in die das Christentum zunehmend aktiv verwickelt war, zeugt auch die kaiserliche Ikonographie. So findet sich etwa auf Münzen Valentinians II. das Motiv des Kaisers, der mit der rechten Hand brutal einen Gefangenen an den Haaren hinter sich her zieht und in der Linken das mit dem Christogramm verzierte Labarum hält.

Abbildung 27:
GLORIA ROMANORUM -
„Ruhm der Römer".
Der Kaiser hält in seiner Linken das Labarum mit dem Christogramm, mit der rechten Hand zerrt er einen gebückten Gefangenen an den Haaren hinter sich her.
Münze des Kaisers Valentinian II., 375-392.

Das Kreuz als Siegeszeichen

Der triumphale Sieg der Kirche hinterließ in der christlichen Theologie seine Spuren. Besonders deutlich zeigt sich die neue Stellung der Kirche im sich wandelnden Verständnis des Kreuzes, das vom Symbol des Leidens zum Siegeszeichen wurde.

Aus den beiden ersten Jahrhunderten gibt es keinerlei Denkmäler, die von oder für Christen gemacht wurden. Wahrscheinlich gab es damals auch noch keine eigene christliche Kunst. Erst um 220 ist eine spezifisch christliche Malerei nachweisbar: in den römischen Katakomben und - etwas später - in einer Kirche der syrischen Stadt Dura-Europos. Es handelt sich bei den abgebildeten Motiven zum einem um Symbole, etwa den Fisch (das griechische Wort für Fisch, ICHTHYS, wurde als Akrostichon für „Jesus Christus, Gottes Sohn, Retter" gelesen), sowie um Szenen aus der Bibel. Beliebt waren seit dem dritten Jahrhundert etwa die Bindung Isaaks als Typos der Kreuzigung oder die Rettung des Jona aus dem Bauch des großen Fisches als Präfiguration der Auferstehung, vor allem aber Darstellungen Jesu als Wundertäter.[128] Daneben wurden allerlei heidnische Motive aufgenommen und christlich interpretiert. So erscheint Orpheus als Harfe spielender König David. Der mit einer Schlange ringende Herkules - Sohn des Göttervaters Zeus und einer Jungfrau - wird zum Christus, der vor der Sünde rettet, die (nach 1.Mose 3) durch die Schlange in die Welt kam. Der Lammträger, ein damals sehr beliebtes Symbol des idyllischen Friedens[129] - eine Art antiker Gartenzwerg -, symbolisiert den guten Hirten und der Vogel Phönix, der sich selbst verbrennt, um aus der Asche erneut gen Himmel zu steigen, die Auferstehungshoffnung.[130]

Abbildung 28:
Phönix mit Nimbus, auf dem Scheiterhaufen stehend. Münze des Kaisers Konstans I. (337-350).

Angesichts der Vielfalt frühchristlicher Bildmotive ist das Fehlen von Kreuzesabbildungen um so auffälliger. Erst um das Jahr 350 tritt das Kreuz in der Kunst als christliches Symbol hervor, und zwar zuerst auf Sarkophagen.[131] Allerdings wird es nicht als Symbol des Leidens dargestellt, was zu den Christenverfolgungen der vorangegangenen Jahrhunderte gepaßt hätte, als Christen in der Leidensnachfolge Jesu den Märtyrertod auf sich nahmen. Vielmehr erscheint das Kreuz ausschließlich als Triumphkreuz, oft in Verbindung mit einem Siegeskranz und eingerahmt von denselben Siegesgöttinnen, die auch auf zahlreichen heidnischen Monumenten, etwa auf dem Triumphbogen Konstantins, zu sehen sind.[132]

Die Scheu der frühen Christen, das Kreuz darzustellen, hängt mit der Anstößigkeit dieses Symbols zusammen, die bereits von Paulus ausgesprochen wird: „Wir aber verkündigen den gekreuzigten Christus, den Juden ein Skandal und den Heiden eine Torheit."[133] Kreuzigung galt in der Antike als eine besonders verachtenswerte Todesart, mit der keinerlei positive Assoziationen verbunden wurden. Eine der frühesten Kreuzigungsdarstellungen ist daher nicht zufällig ein *heidnisches* Graffito in Rom, das einen Gekreuzigten mit Eselskopf zeigt und die spöttische Inschrift trägt: „Alexamenos betet seinen Gott an". (Unter Judengegnern war schon lange das Gerücht verbreitet gewesen, daß im Jerusalemer Tempel ein goldener Eselskopf angebetet werde.[134] Dieses Vorurteil ging dann auch auf den christlichen Kult über.)

Hatte sich Paulus mit seiner ganzen Theologie an dem Paradox des Kreuzes als Zeichen des Heils festgemacht - die frühe Kirche ist ihm darin nicht gefolgt. Sie entschärfte das Paradox, indem sie das Kreuz und den Tod Jesu nur noch als Durchgang zu Auferstehung und Sieg deutete.[135] Seit Justin und besonders seit Tertullian findet sich in christlicher Literatur immer häufiger die metaphysische Verwendung des Begriffs TROPAION[136] - „Siegeszeichen" - für das Kreuz als Symbol der Macht und Herrschaft Christi.[137] Auch Euseb spricht - etwa in der Vision Konstantins - immer wieder von dem „Siegeszeichen des Kreuzes".

Daneben wird das Kreuz als Symbol beschrieben, das alles Leben durchdringt und sich in der gesamten Schöpfung finden läßt, etwa in den Himmelsrichtungen: „Das Schiff erhob sich vom Fuß des heiligen Bergs, und das Wasser trug es, und es durchkreuzte die Welt in allen vier Richtungen ... Dies ist ein Hinweis auf das Kreuz, und die Arche - das heißt, das Schiff - ist der erwartete Christus; denn die Arche war die Ursache der Errettung des Noah und seiner Söhne und der Haustiere und wilden Tiere und Vögel, weil Christus für uns am Kreuz starb und uns errettete vor dem Satan und der Sünde ... Und wie die Arche nach Osten zurückkehrte ..., so vollendete Christus seinen mühevollen Weg und kehrte in den Himmel zurück, in den Schoß seines Vaters, und setzte sich auf seinen glorreichen Thron zur Rechten des Vaters."[138]

Bis ins vierte Jahrhundert wurden im römischen Imperium Menschen durch das Kreuz hingerichtet. Wahrscheinlich schaffte erst Konstantin in den letzten Jahren seiner Regierung diese Form der Todesstrafe ab. Danach dauerte es - trotz der bereits vollzogenen theologischen Umdeutung - noch eine ganze Generation, bis das Kreuz als positives Symbol öffentlich in Erscheinung trat. Euseb etwa erwähnt in seiner ausführlichen Beschreibung der Kirche, die in Jerusalem über dem Grab Jesu errichtet und bezeichnender Weise nicht Grabes-, sondern Auferstehungskirche (ANASTASIS) genannt wurde, den Kreuzigungsfelsen Golgata noch nicht. Und sogar in dem Glaubensbekenntnis, das die Synode von Nicäa 325 formulierte, kommt der Tod Jesu nicht vor. Es heißt dort über den Sohn: „Wir glauben ... an den einen Herrn Jesus Christus, ... der um uns Menschen und um unseres Heiles willen herabgestiegen und Fleisch und Mensch geworden ist, gelitten hat und am dritten Tag auferstanden ist, aufgestiegen zu den Himmeln".

Die Legende, nach der Konstantins Mutter Helena in Jerusalem das Kreuz Jesu gefunden haben soll, wird erst von Ambrosius im Jahre 395 überliefert.[139] Im Bericht der christlichen Pilgerin Aetheria, der wahrscheinlich zu Beginn des fünften Jahrhunderts verfaßt wurde, ist dann im Zusammenhang mit der Anastasis von einem Kreuz unter freiem Himmel die Rede. Aber erst Theodosius II. ließ um 440 ein die Stadt Jerusalem als Wahrzeichen überragendes Triumph-Kreuz errichten.[140] Zur selben Zeit verdrängte das Kreuz das Christus-Monogramm, welches Konstantin an seinem Helm und Labarum getragen hatte, und wurde zur neuen Kaiser-Insignie.[141]

Die Legende von der konstantinischen Schenkung

Die Legenden, die sich um Konstantin ranken, sind vielfältig. Am bekanntesten ist die Geschichte, nach der er - in einem Akt der Demut - dem römischen Bischof Silvester die Tiara, die päpstliche Krone, überreicht haben soll, um so seine Anerkennung des *weltlichen* Herrschaftsanspruchs der Päpste zum Ausdruck zu bringen. Konstantin selbst hätte demnach die Überlegenheit des kirchlichen Oberhaupts gegenüber dem Kaiser legitimiert und damit einen Machtkampf von vornherein entschieden, der im Verlauf der Kirchengeschichte immer wieder aufflackerte und im Investiturstreit des Mittelalters seinen Höhepunkt fand.

Silvester war ein Zeitgenosse Konstantins und soll ihn nach einer späteren Tradition sogar getauft haben. Auf diese Weise versuchten Nachgeborene die peinliche Tatsache zu vertuschen, daß der Kaiser das „Bad der Wiedergeburt" von einem arianischen Bischof empfangen hatte, der nach den Maßstäben derjenigen Theologen, die sich in den dogmatischen Streitigkeiten schließlich durchgesetzt hatten, als Häretiker galt.[142]

Diese Legende von der Konstantinischen Schenkung, die aus dem achten Jahrhundert stammt, wurde zwar bereits im fünfzehnten Jahrhundert als Fälschung entlarvt,[143] der Sache nach aber ist sie sehr gut erfunden. Bezeugt sie doch das Selbstbewußtsein einer Kirche, deren ehrgeizig verfolgter Aufstieg zur stärksten Macht seit Konstantin konkrete Formen annahm.

Aber der Preis für diesen Aufstieg war hoch. Im ersten Jahrhundert schnitt das Christentum sich von seinen jüdischen Wurzeln ab und bekämpfte fortan das Judentum mit allen literarischen Mitteln - die ihr in den ersten drei Jahrhunderten ja nur zur Verfügung standen. Dabei wurden alle alt-heidnischen Vorwürfe gegen das Judentum ungebrochen übernommen und blieben fortan ein wichtiger Bestandteil christlichen Selbstverständnisses. Gleichzeitig fanden mit der Völkermission, die seit Paulus sehr erfolgreich betrieben wurde, immer mehr heidnische Vorstellungen Eingang in das Christentum, die auf Kosten der Jüdischkeit integriert worden sind.

Sobald sich der Kirche aber die Möglichkeit bot, über das Heidentum zu triumphieren, nutzte sie diese hemmungslos und wandte sich seit Mitte des vierten Jahrhunderts mit immer gewalttätiger werdenden Mitteln nicht nur gegen Israel, sondern auch gegen die Heiden. Mit dieser Handlungsweise hat das Christentum sicher nicht dazu beigetragen, die weihnachtliche Sehnsucht nach „Friede auf Erden und den Menschen ein Wohlgefallen“[144] zu verwirklichen. Vielmehr traf ein Vorwurf die Kirche mit immer größerem Recht, den bereits der Philosoph und Gelehrte Porphyrius am Ende des dritten Jahrhunderts erhoben hatte: „Ist es nicht Beweis äußerster Nichtswürdigkeit und Leichtfertigkeit, unbekümmert vom Eigenen abzufallen und ... sich eine neue, isolierte, ausweglose Lehre zurecht zu zimmern, welche weder den Überlieferungen der Griechen, noch denen der Juden die Treue bewahrt?“[145]

Vor allem in seiner Unduldsamkeit gerade *den* beiden Gruppen gegenüber, denen es seine Existenz verdankte, erwies sich das Christentum als reaktionär und hoffnungslos überholt. Das gilt zum einen angesichts der Toleranz der alt-römischen Religion, die mit Symmachus im Streit um das Victoria-Standbild ein letztes Mal laut und eindrücklich ihre Stimme erhoben hatte. Es gilt aber auch gegenüber dem Judentum, das mittlerweile ebenfalls einen Weg gefunden hatte, das Zusammenleben mit Andersdenkenden und -glaubenden theologisch zu legitimieren: durch die Formulierung der sieben Noachidischen Gebote, die sich bereits um das Jahr 200 literarisch nachweisen lassen. In ihnen ist - im Unterschied zu den 613 Ge- und Verboten der Tora, die ausschließlich für Juden verbindlich sind - in relativ allgemein gehaltenen Lebensregeln das enthalten, was Gott nach jüdischer Meinung von *allen* Menschen fordert.[146] Der Anspruch, daß es nötig sei, Jude zu werden, um gottgefällig zu leben, ist damit aufgegeben.

Sogar über die Frage, ob es für Menschen aus den Völkern Hoffnung über den Tod hinaus geben könne, dachten die Lehrer Israels bereits im ersten Jahrhundert nach. Gab es damals noch unterschiedliche Meinungen darüber, so setzte sich schließlich die Überzeugung durch, die etwa bei Maimonides ihre klassische Formulierung erhielt: „Wer die sieben Gebote [Noahs] übernimmt und gewillt ist, sie zu tun, der gehört zu den Frommen der Weltvölker und hat Teil an der kommenden Welt."[147]

Dem stand diametral entgegen der christliche Satz: außerhalb der Kirche gibt es kein Heil. So hat das Christentum aus beiden Quellen gerade das Beste *nicht* übernommen. Die Folgen waren - nicht zuletzt aufgrund der machtvollen Position der Kirche - verheerend.

ANMERKUNGEN

[1] J.Beckmann, Weihnachten, Sp.1565.

[2] Zitiert nach M.Clauss, Mithras, S.74.

[3] Die Abkürzung „d.g.Z." steht für „(nach) der gewöhnlichen Zeitrechnung". In christlich geprägten Ländern ist es zwar inzwischen üblich, „nach Christi Geburt" zu zählen - eine Zählung, die sich auch in der Wissenschaft weitgehend durchgesetzt hat. Dennoch gilt es, sich bewußt zu machen, daß etwa Juden, aber auch Moslems einen recht anderen Kalender besitzen. Jüdische Wissenschaftler verwenden in ihren Publikationen daher die neutralere Formulierung „(nach) der gewöhnlichen Zeitrechnung", die in diesem Büchlein übernommen wurde.

[4] E.Horst, Konstantin der Große, S.67.

[5] Zum Folgenden die sehr gute Zusammenfassung bei K.-H.Schwarte, Intention und Rechtsgrundlage der Christenverfolgung im Römischen Reich, S.20-33.

[6] Euseb, Kirchengeschichte IV,9,3.

[7] Laktanz, De mortibus persecutorum (Von den Todesarten der Verfolger) 12.

[8] Die Apollon-Vision ist beschrieben in dem anonymen Panegyricus des Jahres 310 (Kap.21,4f) auf Konstantin; dazu auch S.G.Hall, Konstantin I., S.489; B.Bleckmann, Konstantin, S.64f.

[9] Bis 324 wurden solche Sol-Münzen geprägt. E.Horst, Konstantin der Große, S.127 und 274.

[10] Laktanz, De mortibus persecutorum (Von den Todesarten der Verfolger) 44.

[11] Euseb, Leben des Konstantin I,28-30.

[12] E.Horst, Konstantin der Große, S.159.

[13] E.Horst, Konstantin der Große, S.156.

[14] B.Bleckmann, Konstantin, S.58.

[15] Euseb, Leben des Konstantin IV,21.

[16] S.G.Hall, Konstantin I., S.490.

[17] E.Dinkler, Das Kreuz als Siegeszeichen, S.9; zur ausführlicheren Diskussion M.R.Alföldi, Die constantinische Goldprägung, S.147f und 151ff.

[18] Tertullian, Apologeticum 16,6-8.

[19] Die Herkunft des Wortes ist unsicher. Vielleicht leitet es sich aus dem Keltischen ab und bedeutet etwa „das Emporgehobene".

[20] Euseb, Leben des Konstantin I,31.

[21] Euseb, Leben des Konstantin II,7 und 9. Dazu auch B.Bleckmann, Konstantin, S.63.

[22] B.Bleckmann, Konstantin, S.61ff.

[23] M.Clauss, Mithras, S.13.

[24] M.Clauss, Mithras, S.15ff.

[25] ἀνίκητος.

[26] M.Clauss, Mithras, S.163.

[27] H.von Heintze, Sol Invictus, S.145; M.Clauss, Mithras, S.36.

[28] M.Clauss, Mithras, S.37.

[29] M.Clauss, Mithras, S.23.

[30] Etwa 1.Mose 1,16; 1.Könige 8,12; Psalm 148,3.

[31] Der lateinische und auch der griechische Kanon weichen in der Reihenfolge der Bücher erheblich von der hebräischen Bibel ab.

[32] ἥλιος δικαιοσύνης.

[33] Clemens von Alexandria, Protreptikos XI,114.

[34] Zeno von Verona, Liber II, Tractatus XLIX.

[35] D.Detschew, Apollon, Sp.528f.

[36] Dazu J.Toynbee, J.W.Perkins, The Shrine of St. Peter and the Vatican Excavations, S.72ff und 116f; F.Mancinelli, Katakomben und Basiliken, S.13 und 37f; W.Oakeshott, Die Mosaiken von Rom vom dritten bis zum vierzehnten Jahrhundert, S.67ff.

[37] R.Hachlili, Ancient Jewish Art and Archaeology in the Land of Israel, S.304f.

[38] R.Hachlili, Ancient Jewish Art and Archaeology in the Land of Israel, S.309. Dazu auch M.Dothan, Hammath Tiberias. Early Synagogues and the Hellenistic and Roman Remains, S.42f; The New Encyclopedia of Archaeological Excavations in the Holy Land, Vol. 2, hg. von E.Stern u.a., S.408. Bereits bei dem jüdischen Geschichtsschreiber Josephus findet sich der Zusammenhang zwischen den zwölf Monaten und dem Zodiak, wenn er über die Kleidung des Großpriesters schreibt: „Die zwölf Edelsteine kann man mit den zwölf Monaten vergleichen oder auch den zwölf Sternbildern in dem Kreis, den die Griechen Zodiakus nennen." (Jüdische Altertümer 3,7,7).

[39] H.-P.Stähli, Antike Synagogenkunst, S.62.

[40] .החמה רוכב במרכבה ועולה מעוטר כחתן

[41] Dazu auch D.Urman, P.V.M.Flesher (Hgg.), Ancient synagogues. Historical analysis and archaeological discovery, S.310f.

[42] L.Franchi dell'Orto, Das antike Rom, S.36.

[43] Auch andere Motive wurden aus dem Herrscherkult in die christliche Ikonographie übernommen, dazu J.Engemann, Die imperialen Grundlagen der frühchristlichen Kunst, S.266; W.Ziehr, Das Kreuz. Symbol, Gestalt, Bedeutung, S.68.

[44] H.von Heintze, Sol Invictus, S.146; H.P.L'Orange, A.von Gerke, Der spätantike Bildschmuck des Konstantinsbogens, S.174ff.

[45] Zitiert nach B.Bleckmann, Konstantin, S.68.

[46] E.Horst, Konstantin der Große, S.324f.

[47] S.G.Hall, Konstantin I., S.490f.

[48] S.G.Hall, Konstantin I., S.497.

[49] M.Clauss, Mithras, S.33.

[50] Dazu etwa Abbildung 6, S.19.

[51] B.Bleckmann, Konstantin, S.88.

[52] Codex Theodosianus II,8,1; dazu S.G.Hall, Konstantin I., S.491.

[53] Johannes-Offenbarung 1,10: ἐν τῇ κυριακῇ ἡμέρᾳ.

[54] Euseb, Leben des Konstantin IV,18-20.

[55] Euseb, Leben des Konstantin III,54.

[56] E.Horst, Konstantin der Große, S.272f.

[57] S.G.Hall, Konstantin I., S.493. Zwar ist in der Forschung vereinzelt auch bestritten worden, daß es sich um eine Abbildung des Sonnengottes gehandelt habe. Die meisten Wissenschaftler vertreten aber aufgrund alter Beschreibungen diese Meinung. Zur Diskussion I.Karayannopulos, Konstantin der Große und der Kaiserkult, S.485-508. Der Verfasser selbst versucht zwar, die Helios-Apollon-These zu widerlegen, nennt jedoch gewissenhaft die relevanten Quellen (S.498ff), auf die ich mich - soweit es die Statue betrifft - beziehe.

[58] So beschreibt es Johannes Malalas im sechsten Jahrhundert. Zur Diskussion um die Statue auch E.Horst, Konstantin der Große, S.267, 270, 274f.
Die Zahl 7 war im Kult des Mithras sehr wichtig, in dem es etwa - entsprechend der Zahl der damals bekannten, weil mit bloßem Auge

sichtbaren Planeten, zu denen man in der Antike auch die Sonne zählte - sieben Weihegrade gab. Dazu M.Clauss, Mithras, S.94, 138.

[59] I.Karayannopulos, Konstantin der Große und der Kaiserkult, S.498ff.

[60] Tertullian, Apologeticum 16,9.

[61] Tertullian, De corona militis (Vom Kranz des Soldaten) 15.

[62] M.Clauss, Mithras, S.150f.

[63] M.Clauss, Mithras, S.111.

[64] Tertullian, De baptismo (Von der Taufe) 5. In jedem Heiligtum des Mithras gab es - in Erinnerung an ein von ihm bewirktes Wasserwunder - ein Wasserbecken (M.Clauss, Mithras, S.80f).

[65] Zitiert nach R.Merkelbach, Mithras, S.145.

[66] M.Clauss, Mithras, S.89ff, 119.

[67] Justin, Apologie I,66,4. Die christlichen Einsetzungsworte können ihrem Inhalt nach also eher aus den heidnischen Mysterienkulten als aus dem jüdischen Pesach-Fest erklärt werden, zumal die Vorstellung, Blut zu trinken, für Juden unerträglich ist - auch wenn es sich nur um ein Symbol handelt (dazu etwa 3.Mose 7,26f u.ö.).

[68] Tertullian, De praescriptione haereticorum (Die Prozeßeinreden gegen die Häretiker) 40.

[69] M.Clauss, Mithras, S.153.

[70] M.Clauss, Mithras, S.160.

[71] Justin, Dialog mit dem Juden Tryphon 70; dazu auch M.Clauss, Mithras, S.152. Übrigens schließt der zitierte Abschnitt Justins mit den Worten: „Wenn ich ... von Perseus höre, er sei von einer Jungfrau geboren worden, dann weiß ich, daß auch diese Erzählung eine Nachahmung durch die trügerische Schlange ist."

[72] W.Nagel, Epiphanienfest, Sp.530.

[73] M.Clauss, Mithras, S.171, 176; G.Ristow, Zur spätantiken Ikonographie der Geburt Christi, S.347.

[74] Hieronymus, Brief 107,2 (An Laeta).

[75] Hieronymus, Vorrede zur Vita Malchi: et postquam ad Christianos principes venerit, potentia quidem et divitiis major, sed virtutibus minor facta sit.

[76] H.Jochum (Hg.), Ecclesia und Synagoga. Das Judentum in der christlichen Kunst, S.22.

[77] L.Franchi dell'Orto, Das antike Rom, S.90.

[78] Sueton, Leben der Cäsaren. Caligula 22.

[79] Sueton, Leben der Cäsaren. Caligula 52; ähnlich auch Philon von Alexandria, Die Gesandtschaft an Caligula, § 86ff und 93ff.

[80] Philon von Alexandria, Die Gesandtschaft an Caligula, § 188ff.

[81] Sueton, Leben der Cäsaren. Domitian 13.

[82] ὁ κύριός μου καὶ ὁ θεός μου.

[83] Sueton, Leben der Cäsaren. Gaius Iulius Caesar 88.

[84] Tertullian, Apologeticum 5,1f.

[85] L.Koep, Die Konsekrationsmünzen Kaiser Konstantins, S.510f.

[86] Sueton, Leben der Cäsaren. Vespasian 23.

[87] D.Kienast, Römische Kaisertabelle, S.234.

[88] B.Bleckmann, Konstantin der Große, S.32f.

[89] J.Engemann, Die imperialen Grundlagen der frühchristlichen Kunst, S.260f.

[90] R.Delbrueck, Antike Porphyrwerke, S.1ff und 13ff.

[91] Dazu auch J.Engemann, Die imperialen Grundlagen der frühchristlichen Kunst, S.263, sowie der Ausstellungs-Katalog von H.Beck und P.C.Bol (Hgg.), Spätantike und frühes Christentum. Ausstellung im Liebieghaus, Museum alter Plastik, Frankfurt am Main, 16. Dezember 1983 bis 11. März 1984, S.663ff.

[92] J.Deckers, Constantin und Christus, S.281f; zu den einzelnen Motiven, die vom Kaiser auch auf Christus übergingen, die Aufzählung bei J.Engemann, Die imperialen Grundlagen der frühchristlichen Kunst, S.265f.

[93] Euseb, Leben des Konstantin IV,56; E.Horst, Konstantin der Große, S.293.

[94] Euseb, Leben des Konstantin IV,66ff.

[95] E.Horst, Konstantin der Große, S.298.

[96] Euseb, Leben des Konstantin IV,24.

[97] Euseb, Leben des Konstantin IV,60 und 71.

[98] ἰσαπόστολος.

[99] Am 21. Mai wird sein Heiligentag gefeiert. Dazu E.Horst, Konstantin der Große, S.319.

[100] Euseb, Leben des Konstantin IV,67.

[101] Euseb, Leben des Konstantin IV,73. Dazu auch L.Koep, Die Konsekrationsmünzen Kaiser Konstantins, S.509.

[102] L.Koep, Die Konsekrationsmünzen Kaiser Konstantins, S.519.

[103] J.Straub, Die Himmelfahrt des Iulianius Apostata, S.530.

[104] Dazu R.Mayer, I.Rühle, War Jesus der Messias? Geschichte der Messiasse Israels in drei Jahrtausenden, S.108ff.

[105] R.Krautheimer, Zu Konstantins Apostelkirche in Konstantinopel, S.227f.

[106] K.H.Rengstorf, S.von Kortzfleisch (Hgg.), Kirche und Synagoge, Band 1, S.136f.

[107] Euseb, Kirchengeschichte VIII,17,10.

[108] Zitiert nach G.Stemberger, Juden und Christen im Heiligen Land, S.34.

[109] Codex Theodosianus XVI,8,2; dazu G.Stemberger, Juden und Christen im Heiligen Land, S.32.

[110] G.Stemberger, Juden und Christen im Heiligen Land, S.36.

[111] Codex Theodosianus XVI,8,1; dazu G.Stemberger, Juden und Christen im Heiligen Land, S.39.

[112] Euseb, Leben des Konstantin IV,27; dazu G.Stemberger, Juden und Christen im Heiligen Land, S.41.

[113] So A.Bigelmair, Herausgeber von Eusebs „Leben des Konstantin", Bibliothek der Kirchenväter 9, München, Kempten 1913, S.161, Anm. 1.

[114] S.G.Hall, Konstantin I., S.495f.

[115] Euseb, Leben des Konstantin III, 18.

[116] Dem entspricht in der hebräischen Bibel Psalm 59,7.15.

[117] Zitiert nach G.Stemberger, Juden und Christen im Heiligen Land, S.44.

[118] K.H.Rengstorf, S.von Kortzfleisch (Hgg.), Kirche und Synagoge, Band 1, S.146f.

[119] K.H.Rengstorf, S.von Kortzfleisch (Hgg.), Kirche und Synagoge, Band 1, S.151.

[120] H.von Campenhausen, Lateinische Kirchenväter, S.80f.

[121] H.von Campenhausen, Lateinische Kirchenväter, S.100.

[122] Römer 11,25f.

[123] Der heidnische Titel für den römischen Großpriester ging seit dem fünften Jahrhundert auf den Bischof von Rom, später Papst genannt, über.

[124] M.Clauss, Mithras, S.39.

[125] Zitiert nach H.von Campenhausen, Lateinische Kirchenväter, S.91.

[126] H.von Campenhausen, Lateinische Kirchenväter, S.89.

[127] Zitiert nach H.von Campenhausen, Lateinische Kirchenväter, S.93.

[128] E.Dinkler, Das Kreuz als Siegeszeichen, S.3f.

[129] W.N.Schumacher, Hirt und „Guter Hirt", S.308f.

[130] Nach Euseb - Leben des Konstantin IV,72 - übertraf die Auferstehung des Konstantin die des Phönix.

[131] E.Dinkler, Das Kreuz als Siegeszeichen, S.4ff (dort auch eine ausführliche Beschreibung der frühen Sarkophage mit Bildtafeln).

[132] E.Dinkler, Das Kreuz als Siegeszeichen, S.7f.

[133] 1.Korinther 1,23.

[134] Etwa bei Tacitus, Historiae 5,3f oder Josephus, Gegen Apion 1,23, § 215f. Dazu auch R.Mayer, Altheidnischer Antijudaismus und innerjüdisches Streitgespräch, S.170f.

[135] E.Dinkler, Das Kreuz als Siegeszeichen, S.18.

[136] τροπαῖον.

[137] Etwa bei Justin, Apologie I,55,3.

[138] Hippolyt, Arabische Fragmente zum Pentateuch IV (zu Gen 8,1), in: Hippolyts kleinere exegetische und homiletische Schriften, hg.v. H.Achelis, Göttingen 1897, S.90f.

[139] G.Stemberger, Juden und Christen im Heiligen Land, S.56.

[140] E.Dinkler, Das Kreuz als Siegeszeichen, S.13f.

[141] E.Dinkler, Das Kreuz als Siegeszeichen, S.15f.

[142] E.Horst, Konstantin der Große, S.315. Zum Stichwort „Bad der Wiedergeburt" als Ausdruck für die Taufe: Hieronymus hielt das Baden für eine schlechte Sache. Unter dem Eindruck der hohen Badekultur der römischen Männer und Frauen, die in riesigen und prächtigen Badeanstalten dem Wohlleben frönten, schrieb der Kirchenvater: „Wer einmal in Christo gebadet worden, braucht kein anderes Bad mehr" (Brief 14,10, An den Mönch Heliodor).

[143] E.Horst, Konstantin der Große, S.312f.

[144] Lukas 2,14 nach der Übersetzung Luthers.

[145] Porphyrius, Gegen die Christen, zitiert nach: H.A.Oberman (Hg.), Kirchen- und Theologiegeschichte in Quellen: ein Arbeitsbuch, Band I: Alte Kirche, ausgewählt, übersetzt und kommentiert von A.M.Ritter, S.110.

[146] K.Müller, Tora für die Völker, S.25.

[147] Zitiert nach K.Müller, Tora für die Völker, S.80-83.

SEKUNDÄRLITERATUR

M.R.Alföldi, Die constantinische Goldprägung. Untersuchung zu ihrer Bedeutung für Kaiserpolitik und Hofkunst, Mainz 1963

J.Beckmann, Artikel: „Weihnachten; 1. Liturgiegeschichtlich", in: Religion in Geschichte und Gegenwart, 3.Auflage, Band VI, Sp.1564-1569

B.Bleckmann, Konstantin der Große, Hamburg 1996

H.von Campenhausen, Lateinische Kirchenväter, Stuttgart 1965[2]

M.Clauss, Mithras. Kult und Mysterien, München 1990

J.Deckers, Constantin und Christus. Das Bildprogramm in Kaiserkulträumen und Kirchen, in: H.Beck und P.C.Bol (Hgg.), Spätantike und frühes Christentum. Ausstellung im Liebieghaus, Museum alter Plastik, Frankfurt am Main, 16. Dezember 1983 bis 11. März 1984, S.267-283

R.Delbrueck, Antike Porphyrwerke, Leipzig 1932

D.Detschew, Artikel: „Apollon", in: Reallexikon für Antike und Christentum, Band 1, Sp.524-529

E.Dinkler, Das Kreuz als Siegeszeichen, in: Zeitschrift für Theologie und Kirche 62, 1965, S.1-20

M.Dothan, Hammath Tiberias. Early Synagogues and the Hellenistic and Roman Remains, Jerusalem 1983

J.Engemann, Die imperialen Grundlagen der frühchristlichen Kunst, in: H.Beck und P.C.Bol (Hgg.), Spätantike und frühes Christentum. Ausstellung im Liebieghaus, Museum alter Plastik, Frankfurt am Main, 16. Dezember 1983 bis 11. März 1984, S.260-266

L.Franchi dell'Orto, Das antike Rom. Leben und Kultur, Florenz 1982

R.Hachlili, Ancient Jewish Art and Archaeology in the Land of Israel, Leiden u.a. 1988

S.G.Hall, Artikel: „Konstantin I.", in: Theologische Realenzyklopädie, Band 19, S.489-500

H.von Heintze, Sol Invictus, in: H.Beck und P.C.Bol (Hgg.), Spätantike und frühes Christentum. Ausstellung im Liebieghaus, Museum alter Plastik, Frankfurt am Main, 16. Dezember 1983 bis 11. März 1984, S.145-146

E.Horst, Konstantin der Große. Eine Biographie, Düsseldorf 1984

H.Jochum (Hg.), Ecclesia und Synagoga. Das Judentum in der christlichen Kunst. Ausstellungskatalog Alte Synagoge Essen, Regionalgeschichtliches Museum, Saarbrücken, 1993

I.Karayannopulos, Konstantin der Große und der Kaiserkult, in: A.Wlosok (Hg.), Römischer Kaiserkult, Wege der Forschung 372, Darmstadt 1978, S.485-508

D.Kienast, Römische Kaisertabelle. Grundzüge einer römischen Kaiserchronologie, Darmstadt 1996[2]

L.Koep, Die Konsekrationsmünzen Kaiser Konstantins und ihre religionspolitische Bedeutung, in: A.Wlosok (Hg.), Römischer Kaiserkult, Wege der Forschung 372, Darmstadt 1978, S.509-528

R.Krautheimer, Zu Konstantins Apostelkirche in Konstantinopel, in: Festschrift für T.Klausner, Jahrbuch für Antike und Christentum, Ergänzungsband 1, 1964, S.224-229

H.P.L'Orange, A.von Gerke, Der spätantike Bildschmuck des Konstantinsbogens, Berlin 1939

F.Mancinelli, Katakomben und Basiliken. Die ersten Christen in Rom, Florenz 1981

R.Mayer, Altheidnischer Antijudaismus und innerjüdisches Streitgespräch, in: ders., Zeit ist's. Zur Erneuerung des Christseins durch Israel-Erfahrung, Gerlingen 1997[3], S.169-179

R.Mayer, I.Rühle, War Jesus der Messias? Geschichte der Messiasse Israels in drei Jahrtausenden, Tübingen 1998

R.Merkelbach, Mithras. Ein persisch-römischer Mysterienkult, Wiesbaden 1998

K.Müller, Tora für die Völker. Die noachidischen Gebote und Ansätze zu ihrer Rezeption im Christentum, Berlin 1994

W.Nagel, Artikel: „Epiphanienfest", in: Religion in Geschichte und Gegenwart, 3.Auflage, Band II, Sp.530-531

W.Oakeshott, Die Mosaiken von Rom vom dritten bis zum vierzehnten Jahrhundert, Wien, München 1967

H.A.Oberman (Hg.), Kirchen- und Theologiegeschichte in Quellen: ein Arbeitsbuch, Band I: Alte Kirche, ausgewählt, übersetzt und kommentiert von A.M.Ritter, Neukirchen-Vluyn 1991[5]

K.H.Rengstorf, S.von Kortzfleisch (Hgg.), Kirche und Synagoge. Handbuch zur Geschichte von Christen und Juden, Band 1, München 1988

G.Ristow, Zur spätantiken Ikonographie der Geburt Christi, in: H.Beck und P.C.Bol (Hgg.),

Spätantike und frühes Christentum. Ausstellung im Liebieghaus, Museum alter Plastik, Frankfurt am Main, 16. Dezember 1983 bis 11. März 1984, S.347-359

W.N.Schumacher, Hirt und „Guter Hirt". Studien zum Hirtenbild in der römischen Kunst vom zweiten bis zum Anfang des vierten Jahrhunderts, Rom u.a. 1977

K.-H.Schwarte, Intention und Rechtsgrundlage der Christenverfolgung im Römischen Reich, in: H.Beck und P.C.Bol (Hgg.), Spätantike und frühes Christentum. Ausstellung im Liebieghaus, Museum alter Plastik, Frankfurt am Main, 16. Dezember 1983 bis 11. März 1984, S.20-33

H.-P.Stähli, Antike Synagogenkunst, Stuttgart 1988

G.Stemberger, Juden und Christen im Heiligen Land. Palästina unter Konstantin und Theodosius, München 1987

E.Stern u.a. (Hgg.), The New Encyclopedia of Archaeologogical Excavations in the Holy Land, Jerusalem 1993

J.Straub, Die Himmelfahrt des Iulianius Apostata, in: A.Wlosok (Hg.), Römischer Kaiserkult, Wege der Forschung 372, Darmstadt 1978, S.528-554

J.Toynbee, J.W.Perkins, The Shrine of St. Peter and the Vatican Excavations, London u.a. 1958[2]

D.Urman, P.V.M.Flesher (Hgg.), Ancient synagogues. Historical analysis and archaeological discovery, Leiden u.a. 1994

W.Ziehr, Das Kreuz. Symbol, Gestalt, Bedeutung, Darmstadt 1997

Quellennachweis der Abbildungen

(Die Zahlen beziehen sich auf die Numerierung der Abbildungen.)

Münzsammlung der Universität Tübingen,
Institut für Klassische Archäologie:
2, 3, 4, 5, 18, 19, 20, 21, 22,
23 (= hinteres Umschlagbild), 25, 26

Hirmer Fotoarchiv, München: 6, 7, 8

Badisches Landesmuseum, Karlsruhe,
Dr. Katarina Horst: 16, 18

Stadt Ladenburg, Lobdengau-Museum,
Dr. Berndmark Heukemes (Museumsleiter): 17

Fabbrica di San Pietro, Vatikanstadt:
12 (= vorderes Umschlagbild)

Prof. Dr. Jürgen Peiffer: 9, 15

Dr. Reinhold Mayer: 24

Umrißzeichnung Abbildung 14 nach
H.P.L'Orange, A.von Gerke, Der spätantike
Bildschmuck des Konstantinsbogens, Berlin 1939

Die übrigen Abbildungen stammen aus dem
Besitz der Verfasserin: 1, 11, 13, 23, 27, 28

Mein besonderer Dank gilt Frau Dorothee Gramlich und Herrn Dr. Franz Alto Bauer (vom Deutschen Archäologischen Institut in Rom) sowie Herrn Prof. Dr. Dietrich Mannsperger (von der Numismatischen Arbeitsstelle in Verbindung mit dem Archäologischen Institut an der Universität Tübingen), der mit Rat und Tat geholfen hat. Außerdem danke ich Herrn Dr. Reinhold Mayer, der die Entstehung des Buches umfassend gefördert hat.

Über die Verfasserin

Inken Rühle, geboren 1965 in Kiel; Studium der evangelischen Theologie in Kiel, Tübingen und Heidelberg. Ein Jahr Studium der Judaistik an der Hebräischen Universität Jerusalem. Nach dem Examen Volontärin an der Schoa-Gedenkstätte Jad waSchem in Jerusalem. Arbeitet zur Zeit an einer Dissertation über Franz Rosenzweig.

Im BILAM Verlag sind außerdem erschienen:

Reinhold Mayer / Inken Rühle

War Jesus der Messias?
Geschichte
der Messiasse Israels
in drei Jahrtausenden

1998. 436 Seiten.

ISBN 3-933373-00-X
(Gebunden) 32,-DM

ISBN 3-933373-01-8
(Broschur) 28,-DM

Vor fünf Jahren ist der (bislang) letzte Messias gestorben.
Er hatte zahlreiche Vorgänger.
Sie alle haben in Notzeiten versucht, Israel zu retten.
Fast alle sind sie gescheitert.
Einer von ihnen war Jesus.

Ein spannendes Sachbuch
über die Geschichte des Judentums
als Kampf zwischen aufrührerischen Messiassen
und ihren friedliebenden Gegnern.

Ein erzählender Teil wird ergänzt
durch bisher in deutscher Sprache
weithin unzugängliches Quellenmaterial.

Annemarie Mayer-de Pay

Wortgeschehen

Geschichten der Bibel als literarische Kunstwerke

1999. 80 Seiten.

ISBN 3-933373-03-4
(Gebunden) 15,-DM

Erzählungen der Bibel werden
- beim Wort genommen -
auf den Boden der hiesigen Welt gestellt.
Doch in den Worten und zwischen ihnen
ist Deutung zugegen,
die Geheimnis bewahrt, Sinn enthüllt.
An ausgewählten Geschichten
von Abraham und Sara,
Jakob, Joseph und Mose,
von David und Elisa,
wird gezeigt,
daß diese hohe Kunst des Erzählens
- zweieinhalbtausend Jahre alt -
immer noch lebendig und aktuell ist.